KB061638

35분 완전 무장

35분 완전 무장

대한민국 마약 시대 행동요령

1판 1쇄 발행 2024년 5월 28일

저자 유진 · 유준

편집 문서아   **교정** 신선미   **마케팅 · 지원** 김혜지

펴낸곳 (주)하움출판사   **펴낸이** 문현광

이메일 haum1000@naver.com   **홈페이지** haum.kr
블로그 blog.naver.com/haum1000   **인스타그램** @haum1007

ISBN 979-11-6440-607-4(03330)

님께

_____

_____

_____

드립니다.

35분
완전 무장

대한민국 마약 시대 행동요령

추천의 말씀들

   대한민국은 마약 청정국(Drug Free Country, 마약으로부터 안전한 나라)임을 자부하여 왔다.

   그러나 최근 들어 마약 사범의 증가로 마약 청정국이란 지위는 이미 옛날이야기가 되었다. 특히 불법 마약류뿐만 아니라 의료용 마약류 사범도 꾸준히 늘어 최근 사회적 이슈가 되고 있다.

   의료용 마약류는 그 이름에서 알 수 있듯이 의료용 목적의 의약품이다. 미국의 경우 의료용 마약류 오남용을 약물 사용 장애, 즉 질병으로 분류하여 치료 대상으로 삼는 반면 우리나라는 사회 통념상 범죄로 규정하고 있는 것이 현실이다. 의료용 마약류 오남용에 따른 사고 사망 등의 통계가 따로 잡히지 않고 다른 불법 마약류와

한꺼번에 취급되고 있다.

이 시점에 이 책은 의료용 마약류와 불법 마약이 철저히 관리되지 않고 악의적으로 유통되고 오남용된다면 대한민국에 얼마나 심각한 위기를 초래할 수 있는지 지식과 정보, 그리고 이야기를 통해 경종을 울려 준다. 특히, 이야기 형태로 쓰인 각 사례는 마약류 오남용에 대한 부작용과 폐해를 의학적으로 열거하는 것보다 더욱 와닿으리라.

이 책이 많은 이들에게 마약에 대한 호기심을 경각심으로 전환하는 계기가 되기를 기원하며, 우리 사회 음지에 만연해 있는 마약류 오남용과 마약 범죄를 예방하고 마약 청정국을 회복하기 위한 밑거름이 되기를 바란다.

제41대 대한의사협회 회장

이필수

SNS와 코인의 익명성을 통해 어느새 우리 주변에서도 마약의 유혹을 어렵지 않게 찾아볼 수 있게 되었다.

마약의 위험성 및 유통 경로, 예방법 등 다양한 지식을 정리한 중고교생 저자들의 노력에 박수를 보내며, 두 형제가 목격한 길거리 마약이 우리 사회에도 유입되지 않도록 지속적인 관심이 필요하겠다.

울산대 경찰학과장

정제용

....

의학적인 사용을 넘어서는 중독성의 물질에 대한 관심은 될 수 있으면 많은 사람이 좀 더 자주 언급해야 할 필요가 있습니다.

특히 미래의 자산인 젊은이들이 관심을 가질 수 있도록 하는 일은 작은 일이라도 중요합니다.

대한민국의 마약 청정국 지위는 날이 갈수록 위태로워지고 있지만, 마약 실태에 대한 필수 기본지식을 갖춤으로써 극복에 많은 도움이 되리라 예상합니다.

 저자들의 노고에 경의를 표합니다.

대한병원의사협의회 회장

주신구

....

 마약 범죄 근절을 위해서는 경찰의 수사 활동 못지않게 사회 각층의 관심과 안전망 구축이 중요하다.

 이 글은 두 청소년의 시각에서 마약이 개인과 사회에 미칠 악영향을 경고하고, 예방법을 소개하여 특히 10대 등 젊은이들과 그 보호자가 마약의 유혹에 대한 경각심을 갖는데 기여할 것으로 기대된다.

울산경찰청 형사과장(총경)

심태환

코로나바이러스가 어느 한 나라에서 시작되어 한순간 전 세계로 확산된 것처럼, 마약 문제도 빠르게 전파되어 이제 대한민국도 마약 청정국이라 할 수 없습니다.

마약은 활동적인 청년층에게 심각한 영향을 미치며, 국가의 미래까지 위협하는 중대한 문제입니다.

화랑 재단은 지난 20년간 청소년들의 마약 근절과 예방을 위해 끊임없이 노력해 왔습니다. 그러나 최근 몇 년간 대한민국 청소년들의 마약 유통 및 남용으로 인해 발생하는 범죄와 사회적 문제가 급증하고 있습니다. 국민적인 인식과 적극적인 대응이 필요한 시점입니다.

본 책자는 그러한 위기를 맞이하여 다양한 관점에서 마약 문제를 분석하고 효과적인 대응책을 제시함으로써, 여러분께 실질적인 지침을 제공하리라 믿습니다.

우리의 노력이 청년과 청소년들이 보다 건강하고 밝은 미래를 맞이할 수 있는 토대가 되기를 희망하며, 이 지침서가 깊은 이해와 해결책 모색에 기여할 수 있기를 바랍니다.

사단법인 화랑인터내셔널 이사장

박윤숙

최근 수년 전부터 우리나라가 더 이상 마약 청정국이 아니라는 것을 극명하게 보여 주는 사건들이 자주 뉴스에 등장하고 있다. 본인은 의사로서 오랫동안 마약류를 처방했었고, 또 서울시의사회장으로서 마약중독은 관심 사안이었지만 가시화된 성과를 내지 못해 아쉬움이 컸었다.

평소 여러 사회 문제에 대해 관심을 넘어 적극적인 활동을 해 온 저자들이 마약중독에 대해 시급히 해결해야 할 중대한 문제로 인식하고 집필을 결심한 것에 대해 존경의 마음을 전한다.

부디 이 저서가 마약중독 문제 해결을 위한 사회의 경각심을 일깨우는 데 기여하기를 바란다.

제35대 서울특별시 의사회장

박명하

대한민국에서 의사로서 여러 번 마약류 또는 향정신성 의약품을 처방한다.

여러 질환으로 외래에서 이런 약들을 처방하면서 가정에서 환자의 직접적인 약 관리가 필요한데, 청소년 및 가족들에게 노출이 될 수 있어 고민이 들 때가 있다.

이 글은 청소년들이 이러한 약들에 왜 접근하지 말아야 하는지에 대한 정보와 부작용을 논리정연하게 정리하였으며 직접 본 경험을 섞어 담담하게 써 편하게 읽을 수 있고 공감과 경각심을 주기에 좋은 글이라 생각한다.

미래에 우리나라의 기둥이 될 청소년들에게 권하고 싶은 글이다.

○○요양병원 병원장, 가정의학과 전문의

이희민

하루하루 당장 눈앞에 닥친 현실만을 살아가는 내게 큰 깨달음을 주는 글이다.

대한민국이 언제 이렇게 마약 위험국이 되었나 싶어 우리나라의 앞날이 우울하고 암울하다가도, 또 한편으로 국가와 사회의 건강에 관심을 두고 발전을 꿈꾸는 저자들과 같은 청소년들이 있기에 그 속에서 작지만 결코 작지 않은 빛과 희망을 찾게 된다.

여기저기 흩어져 있는 마약에 대한 지식들을 일목요연하게 잘 정리했으며 이로 인해 저자들의 바람대로 대한민국의 마약중독을 극복하고 예방하는 데 일조하는 책이 될 수 있기를 함께 기원한다.

○○한방병원 병원장, 한의사

홍한나

#1
켄싱턴 이야기 ——————— 28

#2
대한민국도 안전하지 않다 ——————— 39

#3
마약의 종류와 위험성 ——————— 46

#8
마약류가 한국 사회에 미치는 영향 —— 107

• • •

마약이 없는 청정한 세계인들을 꿈꾸며 작은 힘이지만
모으고, 보태기 위해 시작한 책입니다.
지금도 마약으로 고통받고 있는 사람들과 그들을
사랑하는 가족들, 친구들에게 이 책을 드립니다.

저는 17세 고등학생이고 대전에서 태어났습니다. 현재는 서울에서 학업을 이어나가고 있습니다.

저는 저와 같은 청소년들이 우리 사회가 지금보다 조금 더 건강해지고, 이 건강한 사회가 지속적으로 유지되기를 바라고 노력해야 한다고 생각하고, 그런 사회를 만드는 것이 제 요즘의 목표입니다. 이 책도 그 목표를 향한 노력의 한 부분입니다.

저는 어릴 때부터 길을 걷거나 부모님 차를 타면 앞자리에 앉아 창밖을 보는 것을 좋아했었습니다. 그때는 마냥 신기해서 길을 걷고 있는 사람들, 건물들, 나무들을 보았습니다.

고등학생이 된 요즘 창밖을 보면 사람들이 각자의 삶을 사는 모습, 그리고 그 삶들을 받쳐 줘야 하는 사회 인프라 및 정책들이 눈에 들어오는 것 같습니다. 그것은 어떻게 우리 모두가 더 건강하고 건전한 삶을 살 수 있을지 저를 고민하게 합니다. 그 고민의 결과는 이 책과 같은 여러 프로젝트로 이어졌습니다.

　2년 전, 우크라이나 전쟁이 발발하는 것을 보고 전쟁으로 고통받고 있는 사람들을 도울 수 없을까 생각하다가 'UkraineAidCenters.org'라는 웹사이트를 만들게 되었습니다. 이 웹사이트는 미국, 유럽 각국 등 제3국에 있는 구호 물류 센터들을 통해 인도적 물자를 우크라이나 내부로 보낼 수 있게 하는 사이트입니다.

　이 사이트를 통해 현재도 전쟁 중이지만 우리에겐 벌써 잊혀 가고 있는 우크라이나 국민들을 위해 개인이 구호물자를 보낼 수 있도록 만들어 두었습니다.

　저는 따뜻한 사람들이 서로 돕고, 우리 사회가 함께 안녕할 수 있는 방법을 고민하는 것을 좋아합니다.

　제 두 번째 프로젝트가 또 있습니다.

　현재로서는 국내 유일 국민들이 기업에 건의하는 청원 플랫폼, '위캔두(we-cando.com)'를 운영하고 있습니다. 저는 위캔두를 통해 국민들이 기업에 당당히 원하는 바를 요구히고, 기업들은 사회직 책임을 다하는 문화를 만들고 싶습니다.

지금까지는 한국에서 사는 사람이라면 마약 문제에 대해 고민을 크게 할 필요가 없었습니다. 마약 범죄가 일어난다고 해도 눈에 보이지 않는 음지에서 마약 거래가 이루어지기에 우리 한국인들은 안심했고, 무관심했고, 또 그만큼 마약중독이라는 사회적 질병에 대해 지식이 부족했습니다.

　하지만 오늘, 그리고 미래는 상황이 다릅니다.

　대치동 학원가에서 마약을 학생들에게 권유하는 사건이 일어났고, 지하철 보관함을 통한 약물 거래가 이루어지고 있으며, 청소년부터 어르신들까지 마약중독률이 매년 증가하고 있습니다.

　하지만 우리에게 오픈된 마약중독에 대한 정보는 인터넷에 여기저기 흩어져 있으며, 대부분의 양질의 자료들은 미국과 같은 마약중독 문제가 더 심각한 나라들에서 온 영문 자료들입니다.

　그렇기에 이 책을 쓰기 시작했습니다.

　한국의 현황을 분석한 통계들과 외국에서 일어난 사례 등 질적 정보를 조합하여, 마약중독 문제에 대한 기본

지식을 책 한 권에 담아 보았습니다.

　이 책은 마약의 종류, 중독 경로, 대처법 등 꼭 필요한 분야들만 간결하게 정리하였습니다.

　무거운 주제일 수도 있으나 되도록 가볍게 접근할 수 있어야 널리 알릴 수 있다는 생각 때문이죠.

　마약중독은 앞으로 한국이 맞서 싸워야 할 숙제고, 적이고, 굉장히 나쁜 글로벌 '트렌드'입니다. 우리 사회의 신변에 직접적인 위협이 되며, 동시에 한국 사회를 변화시킬 나쁜 트렌드로서 우리 삶의 모든 방면에 악영향을 끼칠 것입니다.

　지금부터라도 마약의 직, 간접적인 영향을 이해하면 더 효과적으로 자기 자신과 사랑하는 사람들을 약물중독으로부터 보호할 수 있다고 믿습니다.

　독자 여러분들의 건강과 안녕을 위해 쓴 책이기에, 조금이라도 도움이 되신다면 저희의 노력이 헛되지 않을 것입니다. 행복은 건강한 정신에서 출발할 수 있다는 믿음입니다.

　읽어 주셔서 감사드립니다.

유준의 프롤로그

LA 코리아타운 전경

("File:Los-Angeles-Koreatown-Aerial-view-from-south-August-2014.
jpg" by Alfred Twu is marked with CC0 1.0.)

저는 그날을 잊을 수 없습니다.

오후 1시쯤 되는 밝은 대낮에 북적거리는 도심 속, 한 무리의 사람들이 순식간에 좀비로 변하는 것을요.

저는 미국 캘리포니아주 Los Angeles(LA)의 코리아타운에 주차된 자동차 안에서 창문으로 길거리를 구경하던 중이었습니다. 하지만 창밖으로 4명의 사람이 나무 그늘 밑으로 들어서고, 하나둘씩 라텍스 장갑을 끼기 시작했습니다. 무엇을 하는지 궁금했던 저는 창문으로 유심히 구경하기 시작했습니다.

그 사람들은 손목에 걸고 왔던 검정 비닐봉지에서 하나둘씩 작은 유리병을 꺼내더니, 주사기를 사용해 자신들의 몸에 꽂기 시작했습니다.

그때 저는 알아차렸습니다. 저 사람들이 마약을 투여하고 있다는 사실을요. 사람들이 북적거리며 걸어 다니고 있는 인도 한중간에서 4명의 사람은 마약에 중독된 좀비로 변하고 있었습니다.

그 사람들은 하나둘씩 몸을 비틀거리더니 조금씩 몸을 꺾기 시작했고 자신의 몸을 제대로 제어할 수 없는, 영화에서나 볼 법한 좀비가 제 눈앞에 서 있었습니다. 5분도 안 되는 짧은 시간에 길거리서 지나칠 수 있는 지극히 보통의 행인에서 자신의 몸도 제대로 못 가누는 좀비가 되어 버렸습니다.

　저는 이렇게 개인적으로 마약 문제의 심각성을 목도하게 되었습니다.

　저는 이런 상황이 한국까지 오지 않도록, 더 많은 사람이 어떻게 하면 마약에 손대지 않게 하고 마약중독의 심각성을 알릴 수 있을까에 대해 조사하기 시작했습니다.

　저는 미국에서 봤던 이들이 더 이상 고통받지 않고 더 이상 생기지 않기를 바랐고, 더욱이 우리가 살고 있는 한국 사회에서도 이런 일이 생기지 않기를 바랍니다.

　그러기 위해서는 우리가 마약중독이라는 막연한 것에 대해 바르게 알고, 마약의 중독 증상과 중독으로 이어지는 과정, 자신도 모르게 노출될 수 있는 환경, 혹여나 노출이 되었을 때 대처 방법, 꼭 써야 할 곳과 그렇지 않은 곳, 그리고 중독된 사회에 대한 경각심을 이끌어 내어 한곳에 보기 쉽게 모아 보고 싶었습니다.

　검색하면 나오는 정보들이지만 우리가 손쉽게 읽을 수

있고, 이해하기 쉽고, 활자가 커서 눈이 불편하거나 시력이 약한 어르신들까지도 편하게 볼 수 있는 책을 만들어 보고 싶었습니다.

이 책은 저의 탐구 여정을 담았습니다.

제가 이 마약중독이라는 광활하면서도 막막한 주제에 대해 찾아보고 탐구하며 배웠던 많은 정보와 느낌을 이 책에 모두 담았습니다. 이 책이 독자분들에게도 새로운 정보와 시각을 제공하여 우리 모두가 어떻게 해야 대한민국 사회를 현재와 미래까지 마약 청정국으로 만들 수 있을지 고찰할 수 있는 계기가 되었으면 좋겠습니다.

이 책과 함께해 주셔서 감사드립니다.

#1 켄싱턴 이야기

에피소드 1

켄싱턴 하이스쿨 학생 대니얼의 일기

오늘 아침도 내가 살고 있는 켄싱턴 거리는 예전처럼 가벼운 걸음으로 등교할 수 없었다.

볕이 들지 않는 축축한 건물의 뒤편과 무언가로 얼룩진 냄새 나는 거리에는 치우지 않은 쓰레기들처럼 사람들이 여기저기 그냥 널브러져 있다.

후미진 골목, 차들이 신호를 기다리는 교차로, 상점 앞과 기댈 수 있는 담장이 있는 곳이면 한두 명씩, 많으면 수십 명씩 콘크리트 바닥에 얼굴을 박고 있다.

누군가의 따뜻한 가족이었고, 나의 다정한 이웃이었던 그 사람들이다.

오늘도 그들은 자일라진과 펜타닐에 마취당했다.

이들은 혹독한 추위도, 아스팔트를 끓이는 더위도 잊은 지 오래다. 꺾인 허리와 함께 인간으로서의 존엄 역시 잊은 지 오래다.

친절한 옆집 아저씨였던 Sam은 전 재산이라고 할 수 있는 훔친 쇼핑카트와 검은색 비닐봉지에 담은 옷가지 정도를 가지고 오늘도 길거리에 누워 있었다.

'인사를 해 볼까… 나를 알아보실까….'

오늘도 켄싱턴의 학생들은 등하교 시간에 이렇게 시체와 같은 사람들을 넘어서 학교에 간다.

목이나 팔에 주사기가 꽂혀 있는 사람들을 최대한 피해 스쿨버스를 탔다.

마약이 일상화된 도시의 우리들은, 중독의 위협에 시달리며 매일을 보내고 있다.

'우리 마을이 예전의 아름다운 동네로 다시는 돌아갈

수는 없는 걸까?'

* 위 이야기는 대니얼이라는 가상의 학생의 일기를 보여 드
리면서 마약이 중독된 사회의 처참함과 두려움을 묘사하여
마약중독 사회에 대한 경각심을 높이기 위해 상상으로 기술
되었습니다.

필라델피아의 밤

미국 필라델피아 켄싱턴은 몇 년 사이 여러 가지 닉네임이 생겼습니다. '좀비 도시', '좀비 랜드', '헤로인의 Walmart (미국 대형 마트 브랜드)'입니다.

하지만 과거의 켄싱턴은 전혀 다른 이름으로 불렸었습니다. '피쉬타운(Fishtown)', 한국어로는 '생선 마을'이라는 예쁜 이름입니다.

1700년도 켄싱턴은 독일에서 이주한 낚시꾼들이 많았고, 부지런히 청어를 잡아 팔아 생계를 유지했었습니다. 작지만 화목했고, 부지런한 이웃들이 청어를 나누며 살았다던 켄싱턴은 왜 '좀비 랜드'가 된 걸까요.

1800년도부터 피쉬타운이던 켄싱턴의 경제가 청어잡이에서 생산업 기반으로 바뀌기 시작합니다.

그때부터 모자, 시가(엽궐련/담배) 등을 생산하는 공장들이 하나둘 생겨났고, 켄싱턴은 공업화가 가속화되었습니다.

이에 켄싱턴의 청어잡이 낚시꾼들은 공장에 취직해 나쁘지 않은 월급을 받으며 생활하기 시작했고, 그들의 자녀들도 공장에 취업할 기회가 많아져 안정된 삶을 살게 되었습니다. '켄싱턴의 황금기'라 불린 이 시기는 남녀노소 모두에게 풍족한 일상을 선물했습니다.

JULIUS J. WOOD & CO.
COLUMBUS, OHIO,
Manufacturers of
ENAMEL GLOSS STARCH
FOR LAUNDRY USE,
COLUMBUS CORN STARCH
FOR CULINARY PURPOSES, AND
PURE STARCH FOR MANUFACTURERS.
H. M. ANTHONY GEN. AGT., 104 READE ST., NEW YORK.

WARNER, RHODES & CO. Agents,
N. E. CORNER OF WATER & CHESTNUT STREETS, PHILADELPHIA.

18세기 필라델피아 기업의 빨래용 녹말 제품 문구

하지만 1900년도부터는 켄싱턴의 악운이 시작됩니다. 해외에서 값싸게 생산된 물품들이 1/10 가격으로 미국에 수입되기 시작하자, 켄싱턴에 자리 잡았던 생산공장들은 하나둘 파산하기 시작했습니다.

기업들이 하나둘 사라진 켄싱턴은 일자리도 같이 사라졌으며, 부동산 가치는 폭락했습니다. 집값이 폭락하자 미국 남부에서 온 흑인들과 푸에르토리코에서 이민 온 사람들이 켄싱턴에 정착하기 시작했습니다.

켄싱턴에 여러 인종이 모여 살게 되다 보니 인종 간 갈등과 폭동이 일상화되기 시작했고, 수많은 켄싱턴 사람들은 비교적 가난한 새로운 주민들을 남기고 지역을 떠나 버리게 됩니다.

많은 인구가 갑자기 떠나 버리고, 공장들이 문을 닫자 켄싱턴은 빈 가정집과 공장들만이 을씨년스럽게 남겨졌습니다.

이런 빈 공장들은 마약 판매상들의 은신처와 거래소로 딱 맞았습니다. 공장지대의 복잡하고 넓은 공간은 경찰의 공권력이 미치지 않는 무법지대였고, 각종 약물을 판매하는 거대한 마약 시장으로 변하게 되었습니다.

경찰 단속의 위협이 없는 암시장이 조성된 켄싱턴은 미국 동부 마약 거래의 허브로 변화했습니다.

이에 비교적 부유한 백인 고객들은 인근 SEPTA(펜실베이니아 남동교통국) 기차, 그리고 바로 옆 I-95 고속도로를 통해 켄싱턴에 자신이 중독된 마약을 찾아 다시 기어들어 오기도 했습니다.

SEPTA(펜실베이니아 남동교통국) 기차

**켄싱턴 시장 톰 울프가 미 상원의원 및 정부 관계자들과 마약
오남용 사태에 대응하기 위해 필요한 법령들에 대해 토론한다.**

("Gov. Wolf Visits Kensington, Discusses Needed Legislation to
Support Efforts to Curb Increased Overdoses" by governortomwolf is
licensed under CC BY 2.0.)

중독자들이 불쌍하기도 합니다.

그들에게 연민을 느낄 수도 있습니다.

스프링클러에서 나오는 게 불인지, 불인시 환각으로

인해 구분도 못 하는 그들은 인간으로서의 최소한의 존

엄조차 잃었습니다. 자신의 터전을 지켜야만 하는 자영업자들의 물을 맞으며 도망가는 그들은 짐승에 가까운 삶을 살게 됩니다.

당신이 켄싱턴이 길을 걸으려고 한다면 곧 막힐 것입니다. 팔다리를 가누지도 못하는 마약 중독자들이 인도를 막고 누워 있기 때문입니다. 그 가누지 못하는 팔다리는 대개 괴사 중입니다. 동물 마취제 자일라진을 사용한 부작용입니다.

썩어서 절단해야 하는 수준이지만, 그들은 병원은커녕 화장실조차 갈 정신이 못 되기에 그저 길에서 썩어 갑니다.

길에서 사지가 썩을 기회조차도 많은 중독자들에게는 행운입니다. 자일라진을 과잉으로 사용해 길에서 호흡곤란으로 고통스럽게 사망하는 젊은이들도 많기 때문입니다.

다행히도 자일라진과 혼합되어 사용하는 아편형 마약 펜타닐은 '날록손(Naloxone)'이라는 약물로 응급처치가 가능합니다.

하지만 자일라진 자체는 아편형 약물이 아닌 단순 마취제라서 응급처치 따위는 없습니다. 호흡을 못 하는 길거리의 사람들을 구할 수 있는 것은 오직 심폐소생술뿐입니다. 허나 이들 주위에 심폐소생을 해줄 수 있는 정신이 멀쩡한 사람이 하나라도 있을까요? 당신이라면 어떻게 할 건가요?

 그들은 약물중독으로 죽지 않는다면, 다른 이유로 죽을 것입니다.

 아스팔트가 녹을 정도로 뜨거운 태양이 있는 한여름, 모든 것이 얼어붙을 만큼 추운 겨울. 자신이 열사병이든, 저체온증이든 길거리에 있는 그들은 전혀 상관하지 않습니다. 팔에 주사기를 꽂는 순간 자기 보호의 개념조차 잊어버리기 때문입니다. 그렇게 그들은 오늘도 길거리에서 생을 마감합니다.

 앞날이 밝았던, 무엇이든 해 볼 기회가 있었던 젊은이들이었습니다. 그들은 이세는 꿈을 꿀 기회조차 없이 사망하고, 어느새 사라집니다.

등교하는 초등학생 아이가 그들의 시신을 맞닥뜨리지

않기만을 기도합니다.

#2 대한민국도 안전하지 않다

　참으로 악몽과 같은 사회입니다.

　하지만 우리가 사는 대한민국도 예외가 아닙니다. 아니, 이미 이렇게 진행되고 있습니다.

　우리는 당신이 생각하는 것보다 중대한 기로에 서 있습니다.

에피소드 2

은수 이야기

은수가 비행기를 타고 8년 만에 귀국한다.

("Airplane" by Sean MacEntee is licensed under CC BY 2.0.)

은수는 미국에서 고등학교와 대학교를 졸업하여 8년 만에 한국에 돌아왔다.

은수가 기억하는 대한민국은 세계에서 치안이 좋은 몇 안 되는 나라였다. 하지만 8년 만에 다시 보는 한국은 그

때 기억과 너무 많이 달랐다.

한때 화려한 브랜드들로 가득 차 있고, 사람들이 붐비던 명동 길거리는 마약에 중독된, 소위 말하는 마약 좀비들에게 모두 점령당했다. 예전의 화려한 쇼핑센터들은 모두 다 폐업해 있었고 웃음이 넘치던 사람들은 이제 보이지 않았다.

사람들이 하하호호 걸어 다녔던 명동 한복판에는 몇백 개의 더러운 텐트들이 다닥다닥 붙어 있었고, 그 주변에는 자신의 몸을 제대로 가누지도 못하는 사람들이 비틀거리며 쓰러져 있었다.

발에 채는 수만 개의 주사기….

한때 정말 깨끗하고 아름답던 서울의 명동은 사라진 지 오래였다. 이곳을 예전처럼 걸어 다니는 사람들은 거의 없었고, 바닥에 널브러진 사람들은 생사 확인도 불가했다.

나도 모르게 발뒤꿈치를 들고 까치발로 걷게 된다. 더럽고 냄새가 났다. 나는 충격과 공포에 휩싸였다. 내가 친구들과 웃고 떠들던 명동이 몇 년 만에 이렇게 변하다니.

좀비 영화에 나오는 것처럼 몇 년 전까지만 해도 평범했

던 그들은 소통이 불가능해졌고 심지어는 제대로 걸을
수도 없게 되었다.

나는 집에 도착하자마자 인터넷에 한국의 현 상황을 검
색해 봤다. 마약의 무서움을 방관하던 사람들은 날이 갈
수록 쉽게 구해지는 마약을 호기심에 '딱 한 번' 시도해
봤다가 빠져나올 수 없는 함정에 빠진 것이었다. 점점 더
많은, 평범한 사람들이 마약에 중독되고 있었지만 대부
분의 사람들은 그 문제를 인식하지 못했다는 것이다.

마약에 중독된 이들은 길거리에 텐트를 치기 시작했으
니, 서울은 대부분 지역이 우범지역이 되었고, 지하철역
은 지붕이 필요한 사람들에 의해 마비되었고, 대부분의
공공시설은 결국 사용자를 잃게 되었다.

서울은 결국 마약으로 물든 도시가 되었고, 마약에 취
한 직장인들은 제대로 사회생활을 못 하기에 많은 회사
가 도산하기 시작했다. 도둑질은 일상이 되었고 마약은
제지가 불가능해졌다.

내가 사랑했던 마약 청정국 대한민국으로 다시 돌아갈

순 없을까?

* 위의 이야기는 은수라는 가상의 인물이 등장하는 마약이
중독된 한국 사회를 상상한 글로서, 마약이 우리 사회에 퍼
졌을 때 모습을 상상함으로 그 심각성과 두려움, 피폐함에
대해 알리기 위해 상상으로 쓴 글입니다.

우리나라는 더 이상 마약 청정국이 아닙니다.

아무런 조치를 취하지 않는다면 이런 사회가 오기까지는 순식간입니다. 우리는 지금 대한민국의 미래를 결정할 중대한 가로 앞에 서 있습니다.

우리는 대한민국이 마약 청정국이라고 믿습니다.

UN의 기준에 따르면 마약 청정국은 전체 인구의 0.02% 이하가 불법적으로 마약을 사용하는 사회를 말합니다. 대한민국의 통계는 어떨까요?

2023년 6월 기준 KBS 취재진의 조사에 따르면 정답은 3.2%, 기준치의 160배입니다.

100명 중 3.2명은 의료적 목적이 아닌 용도로 마약에 손을 대어 봤다는 뜻입니다. 이 통계조차도 대한민국 마약 문제를 과소평가한다고 할 수 있습니다. 많은 설문 대상자들이 자신이 마약을 남용한다는 것을 인정하지 않을 것이기 때문입니다.

KBS 보도에 따르면 김낭희 한국형사법무정책연구원 부연구위원은 "첫째, 대한민국 대다수의 국민은 마약에 대해서 지식이 충분하지 않을 수 있고 둘째, 익명성이 보장된다고 하지만 마약 사용 경험을 밝히는 것은 굉장히 꺼려지는 응답이 될 수도 있다."라고 전하고 있습니다.

　같은 조사에 의하면 "가족이나 친척 또는 주변의 지인이 마약을 경험했다고 듣거나 본 적이 있습니까?"라는 질문에는 국민의 10.4%가 "듣거나 본 적이 있다."라고 답했다고 합니다.

　한국에는 과연 어떤 마약류들이 돌고 있다는 것일까요?

　현재 대한민국은 미국 켄싱턴처럼 길에서 사지가 괴사하는 사람들, 쓰러져 있는 사람들은 아직 흔하지 않습니다. 겉으로 봤을 땐, 대한민국도 청정합니다.

　하지만 대한민국의 마약류는 생각보다 조용히 다방면으로 퍼지고 있습니다.

　어떤 마약류들인지 알아보겠습니다.

#3 마약의 종류와 위험성

> ▌프로포폴(Propofol)

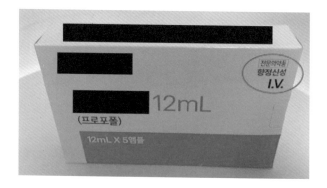

캐나다에선 안락사를 원하는 사람들에게 치명적인 용량을 주사해 안락사를 돕습니다. 즉, 오남용으로 너무 많은 양을 주사하게 된다면 쉽게 사망할 확률이 있다는

뜻입니다.

연예계에서 대표적인 프로포폴 오남용 사건은 2009년, 미국 가수 마이클 잭슨의 프로포폴 사용으로 인한 사망이 있습니다.

이런 위험 요인들로 인해 대한민국은 2011년 세계 최초로 프로포폴을 마약류 향정신성의약품으로 분류했습니다. 『서울경제』가 2023년 10월에 "프로포폴 처방을 위해 의료기관 2곳 이상을 방문한 사람 수는 2019년 48만 8,000명에서 지난해 67만 4,000명으로 4년 사이 19만 명 가까이 폭등했습니다. 특히 같은 기간 5곳 이상의 의료기관을 돌아다니며 프로포폴을 처방받은 사람의 수는 2019년 1,503명에서 2022년 3,059명으로 2배 이상 증가했다."라는 내용의 기사를 발표했습니다.

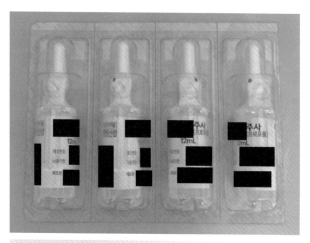

흰색의 프로포폴

　여러 병원을 돌며 프로포폴을 처방받는 행위는 오남용을 위해 필요 이상의 약물을 손에 넣기 위한 행위입니다. 2022년 기준 프로포폴을 가장 많이 처방받은 국민은 20대 여성이며, 1,020회에 걸쳐 906병을 처방받았습니다.

▎졸피뎀(Zolpidem Tartrate)

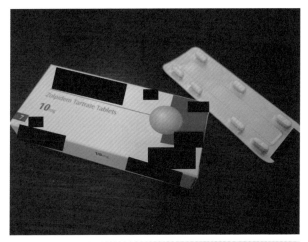

졸피뎀 알약 제품(위 사진은 상표권 보호를 위해 수정되었습니다)

("File:Stilnox sales in China.jpg" by Zhanglide is marked with CC0 1.0.)

'스틸녹스, 졸피드정, 졸피람정, 졸피신정, 졸피뎀정, 졸피움정' 등의 이름으로 불리고 있는 졸피뎀은 불면증 단기 치료를 위한 진정제로, 구강 투약이 가능한 알약 형태입니다.

복용 시 7~8시간 동안은 약이 작용하는 시산으로 졸음이 쏟아지며 운전 등 위험할 수 있는 행위를 하면 안

됩니다.

복용 후 15분 내에 효과가 발생하며, 약효가 빠르게 나타나고 지속시간이 짧기 때문에 일상에서 수면제로 많이 처방되는 약물 중 하나입니다.

의존성이 크기 때문에 유효 최소 용량으로 복용하도록 되어 있으며 수면 중 위험한 행동을 하거나 운전을 하는 등, 위험한 행동을 하고도 전혀 기억을 못 하는 경우가 있으므로 지식과 경험을 갖춘 정신과를 방문하여 처방받도록 하고 있습니다.

이런 진정제나 수면제를 오남용할 경우 억제 감소, 단기 기억 상실, 자살 충동, 우울, 괴기한 행동, 불면증, 초조, 환각, 악몽, 심각한 의존성 및 비정상적인 공격성 및 외향성, 폭식, 수면 운전, 몽유병 등 여러 가지 위험한 부작용이 있습니다.

졸피뎀 약물 자체로 인한 위험뿐만 아니라 약물로 인한 진정 상태에서 타인 혹은 자신에게 해를 입히고, 깨어난 후 무엇이 일어났는지 전혀 기억조차 못 하는 상황이 발생할 수 있다는 것입니다.

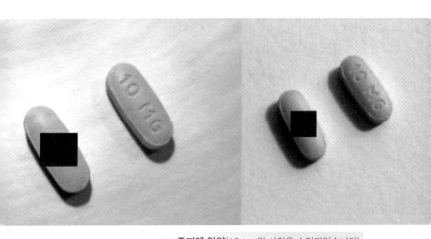

졸피뎀 알약(10mg, 위 사진은 수정되었습니다)

("File:Kc-zolpidem-10mg.jpg" by Freakinout is marked with CC0 1.0.)

여기서 중요한 점은 졸피뎀은 '단기 치료'를 위한 약물이라는 것입니다.

졸피뎀이라는 약은 명확한 의료적 목적이 있지만, 지속적으로 복용하며 일상생활을 병행할 수 있는 '영양제'가 아닙니다. 즉, 중독으로 인한 장기 투약과 오남용은 재앙입니다.

국내에서 졸피뎀 오남용을 한 역주행 운전자가 아들의 납골당에 다녀오던 60대 여성을 사망하게 한 사례도 있습니다.

이 운전자의 혈액에서는 졸피뎀이 상당량 검출되었으며, 운전을 한 것조차 기억을 못 하였습니다.

복용 권장량은 1일 1회, 1정이며, 하루 5정까지만 처방할 수 있는 규정이 있지만, 적정량을 한참 초과하여 처방하는 사례는 많이 있습니다.

2022년에는 34세 대한민국 남성이 하루 평균 35정을 복용할 수 있는 양인 1만 2,775정을 525회의 병원 방문을 거쳐 처방받은 사례가 있습니다.

▌식욕억제제

우리는 '약물중독'이란 환각 상태와 행복감에 대한 중독이라고 생각합니다. 따라서 이런 약물적인 행복감에 대한 욕구가 없다면, 우리는 약물중독과 관련이 없다고 생각합니다. 하지만 대한민국 사회에서 중시되는 외적 미의 추구도 마약중독으로 연결될 수 있습니다.

대한민국 식품의약품안전처는 식욕억제제를 "식욕을 느끼는 뇌에 작용하여 배고픔을 덜 느끼게 하거나 포만감을 증가시키는 약"이라고 정의합니다.

특히 이 약은 마법과 같이 다이어트를 해 주는 성분이 아닌, 운동, 식이 조절 등 행동을 수정하는 것에 대한 보조적인 역할만 합니다.

'식욕억제제'는 여러 가지 화학 성분들을 통틀어 말하는 것인데, 식품의약품안전처에 의하면 그중 "펜터민, 펜디메트라진, 디에틸프로피온, 마진돌, 로카세린 성분은 의존성이나 내성이 발생할 수 있어 향정신성의약품으로 지정·관리된다."고 발표했습니다. 즉, 마약성 의약품이며, 의사의 처방이 필요한 것입니다.

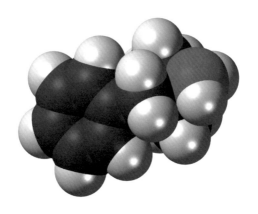

펜터민 분자

식품의약품안전처는 "펜터민, 펜디메트라진, 디에틸프로피온, 마진돌 성분을 과량으로 복용할 경우에는 불안, 의식 소실, 사지의 떨림, 호흡이 빨라짐, 혼란, 환각, 공격성, 공포로 인하여 갑자기 심리적 불안 증세가 나타날 수 있으며, 이 약으로 인한 치명적인 중독 시 경련, 혼수상태 및 사망에 이를 수 있다."고 발표하였습니다.

이런 부작용을 고려했을 때, 중독으로 인한 과다복용은 치명적일 수 있는 것이 분명합니다.

식욕억제제의 중독성은 고려대학교 안암병원 서울시

독성물질 중독관리센터에서 명확히 설명해 줍니다.

"식욕억제제들은 화학적 성질이 암페타민과 유사합니다. 즉, 필로폰과 유사한 약물이라고 할 수 있습니다. 이러한 암페타민 계열 약물들은 식욕 억제 작용뿐만 아니라, 기분과 전반적인 활력의 변화를 초래할 수 있고, 금단, 내성 등이 발생할 수 있어 중독이 발생할 수 있습니다."

영화에서 나오는 비밀 마약 거래가 한국의 거리에서 보이지 않는다고 대한민국이 마약 청정국이라고 생각한다면 큰 오산입니다. 대한민국의 마약은 겉으로는 깨끗하고 합법적이지만 병원 처방을 통해서 우리 삶에 들어오고 있습니다.

▌펜타닐(Fentanyl)

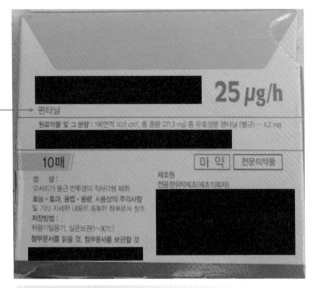

25 μg/h

→ 펜타닐

원료약물 및 그 분량 : 1매(면적 10.5 cm², 총 중량 271.3 mg) 중 유효성분 펜타닐 (별규) ~ 4.2 mg

10매

마 약　전문의약품

성　상:
모서리가 둥근 반투명의 직사각형 패취

효능 • 효과, 용법 • 용량, 사용상의 주의사항
및 기타 자세한 내용은 동봉한 첨부문서 참조

저장방법:
차광기밀용기, 실온보관(1~30℃)
첨부문서를 읽을 것, 첨부문서를 보관할 것

제조원
전공정위탁제조(제조의뢰자)

의사가 처방할 수 있는 의료용 펜타닐 패치 제품

약학정보원에 의거하면 펜타닐은 강력한 마약성 진통
제이며, 중추신경계를 통한 통증의 전달을 막는다고 하
였습니다. 펜타닐은 오피오이드계의 약물이며, 특히 다
른 마약성 진통제인 모르핀(Morphine)의 50배에서 100
배 수준의 약효로 상당히 위험하며 예상 치사량은 2mg

입니다.

강력한 진통 효과 때문에 본래는 극심한 고통을 겪는 말기 암 환자나 복합부위통증증후군(CRPS) 환자, 대형 수술 환자용 진통제로 사용되었습니다.

합법적으로는 수술 환자, 암 환자, 만성 통증 환자 등에게 의료용 목적으로 활용되고 있으며, 다른 의료용 마약성 약물과 같이 듀로제식, 나르코 등 형태에 따른 여러 제품명으로 불리고 있습니다.

의료적으로 제작되는 펜타닐은 피부에 부착하는 패치 형태, 입안에 넣고 녹여 복용하는 형태, 코에 뿌리는 나잘 스프레이 형태, 그리고 주사제 형태 등 여러 가지 종류의 제형이 있습니다.

주요 부작용으로는 가슴 통증, 호흡곤란, 현기증, 근육 마비, 타는 듯한 통증, 피부의 변색, 고통, 발진, 구토, 기절 등이 있습니다.

펜타닐은 다른 약물에 비교적 빨리 환각 상태에 빠지며, 중추신경계에 손상을 입혀서 허리를 제대로 펴지 못하게 됩니다.

2010년대부터는 미국에서 마약으로 오용되기 시작하여 큰 사회적 문제를 일으키고 있습니다. 사람들은 통증에 민감하므로 통증이 생기면 더 끊기 힘들어지기에 단약이 매우 힘든 약물이기도 합니다.

이를 악용한 마약상들이 펜타닐을 섞어 중독자를 양산하였습니다.

국립보건 통계에 따르면 펜타닐 과다복용 사망률은 2016년에서 2021년 사이에 거의 4배 증가했습니다. 길거리로 대량의 약물이 나돌기 시작하면서 2013년부터 북미를 중심으로 최악의 약물 위기를 일으키기도 했습니다.

또한 불법적으로는 가루 형태로 판매되어 코로 들이마시거나, 헤로인 등 여러 다른 약물과 섞여 판매되기도 합니다. 형태마다 약효의 강도, 지속 시간 등 차이가 있지만, 중독 위험과 생명에 대한 위협은 동일하게 존재합니다.

모든 마약성 진통제와 마찬가지로 펜타닐은 내성, 의존성 등 명확한 위험이 있습니다.

반복 투약으로 더 이상 강한 약효를 느끼지 못한다면 더 많은 양의 펜타닐 투약을 갈망함과 동시에, 중독 환자가 펜타닐 복용을 중단하면 발작과 구토와 같은 심한 금단증상을 겪습니다.

이 펜타닐은 합성마약이라 가격이 싸고, 사람들은 점점 더 싼 마약을 찾게 되고 치사량은 매우 적기 때문에 쉽게 사망으로 직결되기도 합니다.

펜타닐은 저렴한 가격과 간편한 복용법으로 중독자를 양산하여, 뇌 손상으로 영구적인 후유증을 얻기도 하고 미량으로도 치명적인 손상을 입게 되는 무서운 마약입니다.

펜타닐이 과다 투여될 경우 신경의 신호를 차단하고 인체의 호흡 기능이 중단되어 질식하게 됩니다. 그러면 마치 물에 빠진 익사자처럼 뇌가 산소 부족에 빠지고 뇌세포는 손상되어, 사망하거나 식물인간이 됩니다.

'중국 소녀', '차이나 화이트' 등 여러 은어로 불리고 있으며, 영어로는 'Murder 8(살인 8번)' 또는 'Poison(독)'이라고 불리고 있습니다.

한국에는 한동안 펜타닐이라는 약물이 잘 알려지지 않았다가, 2020년대에야 알려지기 시작하면서 10대 청소년들이 병원에서 펜타닐을 처방받아 사용하거나, 판매하는 경우가 많아지고 있습니다.

식약처 '마약류통합관리시스템'에 따르면 10대 이하에게 펜타닐 패치가 처방된 사례는 2018년 2,714건, 2019년 4,111건, 2020년 3,801건, 2021년 2,965건으로 나타났습니다.

자일라진(Xylazine)과 섞인 펜타닐(Fentanyl)

'인간에게 동물용 마취제를 매일 주사하면 인간은 어떻게 될까?'

이 질문은 1939년의 어느 나치 독일 치하의 잔혹한 생체 실험실에서 나온 질문 같습니다.

하지만 이 끔찍한 질문은 미국의 펜실베이니아주 필라델피아 켄싱턴이라는 지역의 일상이 되었습니다.

이 지역의 많은 사람은 말이나 소, 돼지, 기타 비인간 포유류를 마취 또는 기절시키기 위한 약물인 '자일라진'을 마약성 진통제인 펜타닐과 섞어 자신의 팔에 스스로 주사하고 있습니다.

이렇게 자일라진과 섞인 펜타닐은 인간에게 깊은 환각과 고통에서의 진통, 순간적인 행복감과 쾌락 등의 효과가 수초의 짧은 시간 안에 극대화시킵니다.

하지만 이 순간, 인간의 뇌는 괴사가 함께 진행되기 시작합니다. 그로 인한 신체의 운동 신경 문제, 근육강직과 함께 또다시 반복되는 헤어 나올 수 없는 극심한 우울감과 패배감, 그로 인한 고립감에 몸서리치는 것을 반복하여 경험하게 됩니다.

  동물용 마취제인 자일라진을 펜타닐과 섞어 음지에서 거래하는 행위는 아주 저렴하게 마약의 양을 늘리면서 싼값에 그 효과까지 극대화할 수 있습니다. 지독한 마약상들의 입장에서는 안 섞을 이유가 없습니다.

  자일라진과 혼합된 펜타닐은 말과 소, 돼지를 기절시키기 위한 화학약품인지라 이것을 사람에게 주사하면 어떻게 될지 아무도 모른다는 것입니다.

  펜타닐의 치사량은 2mg. 이는 연필로 살짝 찍어 연필 끝에 묻어나는 정도입니다. 하지만 상관없습니다.

  지독한 마약상들은 고객이 그들의 마약으로 인해 정신을 잃고 길바닥에서 쓰러져도 또다시 스스로 가누지도 못하는 몸도 이끌고 마약을 구매하러 다시 온다는 것을 잘 알고 있습니다.

▌필로폰(Philopon, 메스암페타민)

필로폰은 매우 강력한 중추신경 흥분제로서 각성작용을 일으키는 합성 화합물입니다.

투여 시 졸음과 피로감이 사라지며, 육체적 활동이 증가되고, 뇌 안의 도파민을 증가시켜 일시적인 쾌락을 유도합니다. 이 유도된 쾌감으로 오남용될 위험성이 있습니다.

필로폰은 KBS 설문 조사에 따르면 마약 사용자들의 7.8%가 이용한 약물입니다. 필로폰은 신경계에 독성을 띠기에, 도파민과 또 다른 호르몬인 세로토닌 관련 신경세포들을 손상시킵니다. 또한, 필로폰 사용은 뇌에 영구적인 변형을 주어 기억력, 집중력, 감정 제어, 결정 능력 등을 손상시키며 폭력성 상승으로 이어집니다.

필로폰은 대개 카페인 등 다른 해로운 물질과 혼합하여 판매하며, 특히 술, 코카인 등 다른 약물들과 같이 복용 시 독성이 더욱더 강해집니다.

필로폰은 사용자가 힘이 넘친나고 착각히게 합니다. 내성과 심각한 의존성이 생기며 중단 시 금단증상이 유발되므로 향정신성의약품인 마약류로 분류되어 법적으로 강력히 규제되는 약물입니다.

알약, 가루, 크리스털 형태로 판매되는 필로폰은 삼키거나, 코를 통해 들이마시거나, 주사할 수 있습니다. 강한 영향으로 인해 '하드 드러그' 중 하나로 불리는 필로폰은 영어로 '메스암페타민 (Methamphetamine)', 짧게 '메스'라고도 불립니다.

#4 대한민국의 마약 실태

▌한국 마약 사용자 연령대

『조선일보』는 2023년도 기준 경찰청 자료에 따르면 "마약사범이 가장 많은 연령대는 20대(3,731명)고, 그다음으로 60대(3,046명), 30대(2,351명), 40대(1,597명), 50대(1,292명), 10대(659명) 순이다."라는 기사를 발표했습니다.

이 중 10대 마약사범이 작년 통계에 비해 2배 이상 증가했고, 60대 이상 마약사범은 66.5% 증가했습니다.

서울경찰청과 한국마약퇴치운동본부는 공동세미나를 열어 10대 청소년 마약사범의 숫자가 급증하고 있다고 마약 범죄 상황을 분석하고 있습니다. 이번 분석에 따르면 2018년 28명, 2019년 52명, 2020년 48명, 2021년

66명, 2022년 48명으로 두 자릿수를 맴돌다가 지난해 235명으로 크게 늘었다고 발표하였습니다. 전년도와 비교하면 390%가량 급증한 것입니다.

서울 지역에서 검거된 청소년 마약사범은 여성과 고교생 비중이 높았습니다. 성별로 보면 여성 청소년이 184명(73.9%), 남성 청소년이 65명(26.1%)이었고, 연령별로는 14세 21명(8.4%), 15세 21명(8.4%), 16세 32명(12.9%), 17세 39명(15.7%), 18세 55명(22.1%), 19세 81명(32.5%)으로 고등학생에 해당하는 17~19세 청소년이 전체의 175명, 70.3%로 다수를 차지했습니다.

투약한 마약류 유형은 식욕억제제나 신경안정제 등 향정신성의약품이 84.7%로 가장 많았습니다. 이 밖에 대마(14.5%), 마약(0.8%) 등을 투약한 것으로 조사되었습니다.

콜로라도에서 합법적으로 재배되고 있는 대마초.
("LEGAL Colorado Marijuana Grow" by Brett Levin Photography is licensed under CC BY 2.0.)

따라서 급증하고 있는 10대 청소년들의 마약 사용 동기, 그리고 그들이 중독 후 어떻게 지속적으로 마약을 유통 받는지 알아보겠습니다.

한국 청소년들이 어떻게 마약을 처음 접하는가?

한국에는 미국 몇몇 주들과 같이 대마류를 합법적으로 파는 가게들이 길거리에 있는 것도 아닌데, 어떻게 10대 청소년들이 마약에 손을 댈 수 있는 것일까요?

캐나다에서 사람들이 단체로 대마를 흡연한다
(위 사진은 초상권 보호를 위해 수정되었습니다).
("Canada Day 2011, Marijuana Party @ Art Gallery" by GoToVan is licensed under CC BY 2.0.)

여성가족부 데이터에 의하면 청소년 10명 중 1명은 펜타닐을 사용해 보았다고 합니다. 놀라셨겠지만 우리가 생각하는 대한민국과 달리 대단히 높은 수치입니다.

물론 10대들이 단순한 호기심으로 마약을 먼저 찾는 경우도 있습니다. 하지만 또 다른 큰 문제는 그들에게 먼저 권유하는 사람들이 있었다는 것입니다.

청소년 마약사범의 증가는 텔레그램 메신저 등 온라인으로 마약 구매가 쉬워졌고, 마약 가격이 싸진 것이 가장 큰 원인이라는 분석이 나오고 있습니다.

인터넷으로 쉽게 접할 수 있게 된 마약으로 청소년들의 마약중독은 심각한 문제로 떠오르고 있습니다. 마약은 누구에게나 위험하지만, 특히 아직은 미성숙한 청소년은 성인보다 단기간 적은 양으로도 심각한 뇌의 손상이 생길 수 있으므로 주변 어른들의 관심을 통해 청소년이 마약을 접하지 않도록 해야 하며, 만약 접했다면 바르게 알고 중독에서 벗어날 수 있도록 도움이 꼭 필요합니다.

벗어나고싶어요... 마약의 덫에 빠진 청소년들

청소년 마약중독

대치동 마약 시음 행사 사건:
당신은 '수험생 약'을 아시나요?

* 아래 내용은 가상의 시나리오입니다.

얼굴이 시무룩해 보이는 학생 한 명이 학원 건물에서 나온다. 모의고사 성적이 마음에 안 든 모양이다. 학원 선생님은 학생이 집중력이 부족해서라고 한다.

"그렇게 엉덩이가 가벼워서 대학은 어디를 가려고 하니?"

학생은 자신이 어떻게든 집중력을 끌어올려 오래 공부하는 습관을 들여야 한다고 생각한다.

집에 가는 버스를 타러 가는 학생. 대치동 학원가를 걷는다. 그때, 처음 보는 누군가가 다가온다. 전단지를 줄 거라 생각하고 받으려 손을 내미는 그때, 손안에 작은 병하나가 들어온다.

"학생, 요즈음 공부가 잘 안되지?"

갑작스러운 질문에 당황했지만, 학생은 대답한다.

"네? 네. 조금 안 돼요."

"이거 ADHD 약인데 하나 먹어 볼래? 네가 집중이 안되는 게 ADHD 때문인 것 같은데, 이 약 먹으면 집중력은 문제가 없을 거야."

"아… 정말요? 효과가 있나요?"

"당연히 있지. 이거 먹고 입시 성공한 케이스가 얼마나 많은데. 그냥 무료로 한 병 줄 테니까, 이것만 집에 가서 먹어 봐."

처음 보는 사람이 건넨 것이기에 조금 불안한 마음은 있었지만, 솔깃한 마음에 학생은 약을 건네받았다.

대낮에, 그것도 대치동 한복판에서 건네주는 거라면 당연히 제약회사에서 나온 사람들이고 안전한 영양제일 것이라고 학생은 생각했다. 그리고 그날 저녁, 집에서 공부하기 전에 뚜껑을 따 약을 벌컥벌컥 마셔 보았다. 하지만 그때까지도 학생은 몰랐다. 이 약 한 병에는 ADHD 치료제가 아니라 마약 필로폰 3회 투여분이 담겨 있었다는 것을.

　2023년 4월 강남구 학원가 일대에 기억력 상승, 집중력 강화 효과가 있다며 작은 병에 담긴 음료를 나눠준 사건이 발생했습니다.

　확인 결과 이 음료수에는 ADHD(주의력결핍과잉행동장애) 치료에 쓰이는 클로니딘, 메틸페니데이트, 아토목세틴이 함유되어 있었습니다.

메틸페니데이트는 전문의약품 중에서도 처방 시 더욱 주의를 요구하는 향정신성의약품으로 구분되는 약품입니다.

이를 오남용하는 경우 두통, 구토 등 경미한 부작용에서 망상, 환각, 자살 시도와 같은 극단적인 부작용을 유발하는 것으로 알려져 있습니다. 그렇기에 '수험생 약'으로 불려서는 절대 안 되는 약입니다.

대한민국의 학생들은 치열하고 간절한 입시 경쟁을 하고 있습니다. 공부 효율, 집중력, 그리고 학습 능력과 같은 지표들은 그들의 입시 성공 여부를 결정하는 큰 요소들입니다. 즉, 우리나라의 학생들은 더 길게, 더 집중력 있게, 더 빠르게 공부하고 싶은 간절함이 있습니다.

이 간절함을 악용한 것이 학생을 대상으로 한 마약 유통 범죄입니다. 일반적이라면 길에서 남이 주는 약물을 손도 대지 않았을 학생들이지만, 공부가 더 잘될 것이라는 속삭임은 학생들을 설득하기에 충분했습니다.

학생들에게 일단 마약에 손을 대게 힌 후, 가해자들은 부모님에게 학생이 마약을 복용했으니 신고하겠다고 협

박 전화를 겁니다. 또한, 이 '시음 행사'를 진행한 가해자들에겐 지하철 보관함 등 약속된 위치에 마약을 숨겨 두는 일명 '던지기' 수법으로 마약을 전달합니다.

과거에는 마약 자체가 한국에 대규모로 도입되지 않았고, 특히 학생들이 많은 학원가에는 마약 관련 범죄가 일어나지 않은 안전지대라고 할 수 있었습니다. 하지만 현재는 대한민국 전체에 마약이 유통되어 있는 상황.

즉, 어린 학생들이 많아서 "여기엔 위험한 범죄가 없겠지."라고 생각할 수 있는 곳들도 마약사범들의 활동 반경에 포함되었습니다.

이것은 '마약'에 대한 무관심과 안전불감증은 청소년이 마약사범이 되는 것을 방관하게 될 수도 있다는 뜻입니다.

모든 연령대가 어디에 살든, 이제부터는 '마약'의 위험에 긴장감을 가지고 사는 것이 자신과 가족, 그리고 친구들의 안전을 지키는 방법일 수 있습니다.

#5 청소년과 젊은 층이 마약을 접하는 방법

▌친구, 연인을 통해 전달

　우리는 어릴수록 가까운 친구들과 연인의 말과 의견에 영향을 많이 주고받습니다.

　마약 유통은 이와 다름없습니다. 아무런 문제가 없다는 거짓말, 한 번만 해 보고 별로면 끊어도 된다는 약속은 한국의 청소년들과 젊은 층의 호기심을 자극하며, 마약에 쉽게 혹하기에 충분합니다. 이렇게 마약이 퍼지기 시작하는 것이 주된 경로입니다.

　마약류는 '한 번'이라는 개념이 존재하지 않는다고 할 수 있습니다.

주변 사람의 '괜찮다'는 약속은 믿을 수 없으며, 단 한 번이라도 접하는 순간 중독으로 쉽게 빠져 자유를 앗아갈 수 있는 것이 마약입니다.

이것은 마약을 권유하는 사람들의 의도와는 상관없습니다. 자신이 중독된 것도 모른 채 마약이 좋기만 하다고 믿는 사람이든, 아니면 독자를 일부러 중독시키려는 사람이든 똑같이 위험한 성분을 권유하고 있습니다. 그 사람의 의도가 어떻든, 믿음이 어떻든 권유하는 마약 자체의 위험성은 의료기관의 전문적 정보를 기반으로 우리가 판단해야 합니다.

빠르고 바른 판단을 위해서는 우리 청소년들이 이 마약류가 어떤 약물인지 정확하게 알고 있어야 합니다.

▌유학생들을 통한 전달

물론 아직까지 대한민국보다 외국에서 마약을 접하기가 훨씬 쉽습니다. 약물 규제가 더 완화된 국가도 많고, 규제 자체를 따르지 않아 마약류가 쉽게 유통되는 국가들도 있습니다.

대한민국이 멕시코와 같은 국가들과 비교했을 때 청정한 것도 사실입니다. 하지만 이 사실로 한국인들이 안심할 수 있다는 것은 절대 아닙니다. 오히려 이 막연한 믿음으로 대한민국 국민들도 더 빨리 위험에 빠질 수 있습니다.

미국 등 외국 유학생들은 마약 접근이 매우 쉽습니다. 대학교 근처 다운타운에서 마약을 파는 사람들이 있을 수 있고, 심지어 같이 학교를 다니는 학생들의 직접적인 권유가 있을 수 있습니다. 이로 인해 외국에서 유학하는 한국 학생들도 마약에 중독되거나 의존성을 키울 수 있습니다.

유학생들은 대개 겨울, 여름방학에는 한국으로 돌아옵니다. 입국 후 학생들은 한국에 있을 때부터 알고 지낸 친구들과 오랜만에 만나서 사회적인 시간을 보내게 됩니다. 이때, 한국에 있는 친구들을 만나는 유학생이 마약을 외국에서 접하고, 한국으로 마약을 반입해 한국 학생들에게 권유한 사례가 점점 증가하고 있습니다.

그러면 이 유학생들은 어떻게 마약류를 한국에 반입한 것인가.

학생들은 마약류를 단순히 인천공항을 통해 들고 온다고 합니다. 극소량을 숨겨서 반입하기에, 수많은 사람 사이에서 찾기는 힘들다고 합니다.

극소량의 마약이라고 문제 자체가 작은 것은 절대 아닙니다. 마약이라는 성분은 술과 담배와 다르게 극소량으로도 심한 환각 증세, 중독 또는 사망을 유발할 수 있습니다. 그렇기에 유학생들이 반입한 극소량의 마약으로 한 번 증세를 느낀 후, 중독돼 그다음부터는 한국에서 자발적으로 마약을 구하러 다니는 것입니다.

단 한 번의 시도로 당신은 마약의 노예가 될 수 있습니다.

| SNS를 통한 전달

이렇게 마약을 시도한 후 중독이 되었거나, 단순한 호기심으로 국내에서 마약을 구하고 싶은 청소년들과 청년들은 어떻게 할까요?

바로 SNS와 메시지, 앱(App) 등 인터넷을 통해 마약을 구매합니다.

SNS에서 국내 마약상들은 일차적인 검열을 피하기 위해 '캔디', '아이스', '떨', '시원한 술' 등의 은어를 통해 광고합니다. 즉, 마약에 관심이 조금 있는 '아는 사람'들은 은어를 사용해 구매할 수 있습니다.

특히 청소년들이 자주 사용하는 엑스(X, 구 트위터)에서 이러한 판매 행위가 많이 일어나고 있다고 합니다. 이런 비공식적, 불법 마약 유통 경로는 물론 구매자의 나이에 관심이 없습니다. 이렇기에 꿈을 펼칠 20대 청년은 물론 아직 어린 10대 청소년들까지 마약을 구매하겠다고만 한다면 쉽게 판매하기도 합니다.

또 다른 판매 경로는 마약 판매 전용 비밀 채팅방입니다. 텔레그램(Telegram)과 같은 암호화 채팅방은 높은 수준의 보안 기술력으로 외부인이 채팅을 보는 것이 어렵습니다. 특히 특정 플랫폼들은 일정 시간이 지나면 사라지는 메시지로 인해 더욱더 높은 프라이버시를 제공합니다. 마약 판매상들은 이런 보안적 이점을 이용해 경찰의 추적을 피해 마약을 유통하려고 합니다.

　어린 청소년들이 이런 채팅방은 어떻게 찾는 것일까요? 물론 일반인들이 실수로 들어갈 수 있게 만들어 놓지 않았습니다. 이런 마약 거래용 보안 채팅방은 주로 '다크웹'을 통해 접속 정보를 안다고 합니다. 특정 보안 프로그램과 접속 방식을 통해 연결할 수 있는 '범죄용 인터넷'이라고 할 수 있는 다크웹은 마약 거래부터 살인 청부 등 최악의 불법적인 거래 들을 하는 네트워크입니다. 이 다크웹에서 불법 마약 거래 관련 정보, 그리고 어떻게 구매를 할 수 있는지 설명하는 글은 수두룩합니다.

　그렇다면 어떠한 방식으로 청소년, 청년들이 마약에 대한 비용을 지불하는 것일까요?
　물론, 마약을 단순한 계좌이체로 구매하진 않습니다. 비용 지불은 비트코인과 같은 암호화폐로 대부분 이루어집니다. 추석이 힘들고 익명성이 보장되는 암호화폐를 사용하는 것은 젊은 층에게 생각보다 쉽고 단순합니다. 이런 다크웹을 접속해 채팅방 이름과 아이디를 알아내고, 가상화폐를 전달한다면 한국이라도 매우 쉽게 마약 구매가 가능해집니다.

하지만 쉽다고 안전한 것은 전혀 아닙니다.

다크웹의 특성상 전문가가 아니라면 연결하는 순간 악성 소프트웨어에 감염되거나 자신의 실시간 위치 정보를 해커들에게 빼앗길 수 있으며, 온오프라인 범죄에 연루되거나 대상이 되기 매우 쉽습니다.

또한 이런 방에 있는 것만으로도 수사 대상이 되며 거래를 한다면 높은 확률로 징역을 살 것입니다.

하지만 마약에 중독된다면 이런 위험도 무릅쓰고서라도 약물을 찾게 됩니다. 즉, 처음부터 마약은 손도 대지 않는 것이 중요합니다.

▎ 범죄 피해: 스파이킹(Spiking)

우리가 마약에 관심이 전혀 없고, 혹시 길에서 광고하

는 것이 마약인지 아닌지 잘 확인하며 약을 복용한다면 우리는 마약의 위험에서 벗어난 것일까요?

안타깝지만 전혀 아닙니다.

악의적인 사람들이 고의로 우리도 모르는 사이 마약 복용을 유도할 수 있기 때문입니다.

이런 범죄 행위 중 대표적인 것은 '스파이킹(Spiking)' 입니다. 스파이킹은 다른 사람의 음료에 몰래 마약류를 첨가하거나 마약이 담긴 음료를 일반 음료인 척 주어 약 물을 복용하게 하는 것입니다.

특히 '물뽕'이라는 이름으로 불리는 GHB 약물로 자주 일어납니다.

스파이킹은 미국의 클럽과 바 등 음주를 할 수 있는 곳 에서 주로 일어나는 범죄인데, 근래에는 대한민국에서 도 일어나고 있습니다. 이런 스파이킹 범죄는 강력 및 성범죄로 이루어질 수 있어 특히 위험합니다. 약물을 음 료에 숨겨 타인이 의식을 잃게 하고 성폭행하는 사례도 대한민국에서 생기고 있습니다.

스파이킹 범죄에 대응하려면 자신이 섭취하는 음료를 안전하게 두는 것이 가장 중요합니다.

첫 번째로는 특히 클럽과 같은 마약 범죄 위험지역에서는 타인이 주는 음료는 마시지 않는 것이 좋습니다.

또한, 자신이 주문한 음료는 항상 누군가 만지거나 가져가지 않는지 지켜봅니다.

잠시 화장실을 가거나 음료를 테이블에 두고 자리를 비워야 한다면, 일행 한 명이 음료를 지켜보고 있도록 하는 것이 가장 안전합니다.

아무리 자신이 음료를 들고 있다고 해도, 스파이킹 범죄는 단 몇 초 내에 약물을 투여하여 일어납니다. 그렇기에 클럽 등에서 음료를 구매했을 때는 스파이킹 방지용 고무 뚜껑을 이용하는 것이 좋습니다. 이런 뚜껑은 음료 잔 위로 씌울 수 있으며, 인터넷에서 저렴한 가격으로 구매가 가능하기에 자신의 안전을 위한 좋은 투자입니다.

뚜껑을 항상 들고 다니는 것이 불가능하거나 잊어버릴 것 같다면 '물뽕' 감지용 스티커를 사용해 보는 것도 좋습니다.

　휴대폰 뒤 등 편리하게 부착하여 가지고 다닐 수 있는 이 스티커는, GHB와 접촉 시 스티커 색이 반-반으로 변화합니다. 즉, 술을 조금 찍어 보는 것만으로도 빠르게 안전한지 확인이 가능하다는 것입니다. '마약 감지 스티커 구매'를 인터넷에 검색하면 쉽게 구매처를 찾을 수 있는 제품입니다. 현재 스티커 6장에 1만 원대를 유지하고 있습니다.

> * 저작권 문제로 마약 감지 스티커 사진을 부착하지 못하였습니다. 허나 인터넷 쇼핑몰 검색으로 쉽게 제품 및 사진을 찾을 수 있습니다.

#6 마약의 유통과 관리

▌불법 마약 거래의 위험성

마약은 신체에 주사 등을 통해 직접 투약됩니다. 즉, 성분에 문제가 있다면 사용자의 신체에 어떤 영향을 미칠지 모릅니다.

마약상들은 대개 마진을 높이기 위해 성분이 불명확한 타 약물을 섞어 팔거나, 더 강한 자극을 주기 위해 생명에 위협을 주는 약물들을 마약에 넣습니다. 마약 거래는 모든 불법적인 거래와 같이 공식적으로 관리하는 정부 기관이 없고, 이전에 설명한 익명성으로 인해 마약상들은 자유롭게 성분을 바꿔치거나 변경할 수 있습니다.

어차피 사망해도 책임질 의향과 이유가 없기에 마약상들은 부작용에 대한 걱정을 하지 않습니다.

즉, 구매한 마약을 사용하던 도중 중증 장애를 얻거나 사망한다면 마약상이 아니라 온전히 사용자와 가족의 책임이라는 것입니다. 구매 자체도 이미 불법적인지라 사망이 아닌 다른 부작용(영구장애 등)이 나타났다면 신고는커녕 병원에 가기도 힘들어집니다.

이 책의 첫 부분에서 나온 진통제 펜타닐과 동물용 진통제 자일라진을 섞어 파는 것도 이런 혼합 마약의 한 종류입니다.

▌병/의원을 통한 마약 유통

대한민국 국민이 마약을 구입할 때, 65.3%는 병원 및 의원을 통해서 구입한다고 합니다. 그리고 구입하더라도 의사의 처방전이 있으니 사람들은 딱히 문제의식을 느끼지 못합니다.

중독 경로 자체도 병원을 통한 사례가 압도적으로 많습니다.

2023.06.27 KBS 보도에 의하면 49.2%의 마약 사용자들은 의료인을 통해서 처음 마약을 접합니다. 즉, 첫 사용 의도가 의료 목적인 사람들이 많다는 것입니다.

사람들이 사용한 마약류 중 대마를 제외하면 진정제, 프로포폴과 같은 약물이 가장 흔한 것을 알 수 있습니다. 이는 의료진이 처방할 수 있는 약물들과 일치합니다.

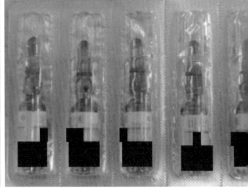

의료용 모르핀 주사. 상자에는 안전 스티커가 부착되어 있다.

마약성 진통제는 정부 기관에서 엄격히 관리되는 약물입니다. 병원에서 관리 중인 진통제의 양은 정확히 기록되어야 하고, 꼭 필요한 상황이 아닌 이상 마약성 진통제를 처방하지 않습니다. 하지만 특정 병이나 수술로 인한 심한 고통을 받는 상황에는 환자에게 처방하고 있습니다.

이 환자들은 처음에는 의사의 처방으로 시작했지만, 서서히 진통제가 가져다주는 감정, 통증에 대한 영향에 중독되어 가는 것입니다. 하지만 의사는 필요 이상의 약물을 처방해 주지 않기에 환자는 약하거나 없는 통증을 재차 호소하며 여러 의원을 찾아 처방전을 받기도 합니다.

마약중독자들은 여러 장의 처방전으로 많은 양의 마약성 진통제를 받아내어 투약하곤 합니다.

많은 병의원을 통해 마약에 중독되는 사람들은 실제로 자신이 마약에 중독되었다는 것을 인지하지 못 하기도 합니다. 당장의 편안함과 환각 증세를 즐기기 시작하여 신체를 파괴한다는 것을 알지 못한 채 더 많은 약물 투약을 갈망하게 됩니다.

  병원에서 통증을 호소하며 마약성 진통제를 처방받으려고 한다면 의사는 안된다는 말을 전할 것입니다. 특히 젊은 20~30대 성인이 마약성 진통제가 필요하다고 주장한다면 믿지 않습니다.

  하지만 60~70대 이상 노인들은 쇠약해진 몸으로 실제 통증을 느끼는 경우가 많습니다. 즉, 고령인은 통증을 호소하며 병의원에서 오남용을 위해 진통제를 구하는 일이 쉽습니다.

  이로 인해 병의원을 통한 마약중독은 청소년뿐만 아니라 노인 계층에서도 큰 문제입니다.

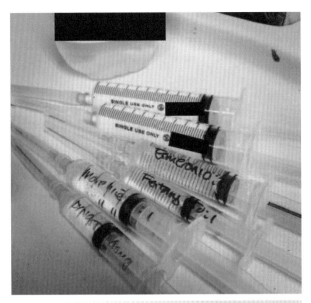

병원에서 마취를 위해 프로포폴, 펜타닐, 모르핀과 같은 마약류들을 사용한다(위 사진은 상표가 가려지도록 수정되었습니다).

("17032016 All in a day's work!" #anaesthesia #anaesthesiology #husm #generalanaesthesia #propofol #esmeron #fentanyl #parecoxib #morphine" by emonhalim is licensed under CC BY 2.0.)

▌ 마약성 약물 잔여 수량의 관리 문제

마약성 진통제를 적정량 처방받았다고 해도 마약의 안전한 관리에 관한 문제에 맞닥뜨리게 됩니다.

시골 할아버지 이야기

여기 연세가 78세이신 할아버지 한 분과 80세인 할머니 한 분이 계십니다.

이 할아버지는 심한 만성 통증을 호소하다 병원에 가서 마약성 진통제 3병을 받아 오셨습니다.

하지만, 할아버지는 1병만 사용한 후 나머지 2병은 서랍 속 깊은 곳에 넣어 모아 두셨습니다.

곧 추석이 되었고 도시로 나갔던 자식들과 손주들이 고향 할아버지 댁에 기쁜 마음으로 찾아왔습니다.

오랜만에 모인 가족들은 윷놀이를 하기로 하고 윷놀이 윷을 찾습니다. 손자들이 윷을 찾아 서랍을 뒤지다가 서랍 속 재미있어 보이는 병이 손끝에 닿았습니다. 호기심에 가득 찬 아이들은 특별해 보이는 약병을 바지 주머니에 넣었습니다.

이렇게 왁자지껄 즐거웠던 추석 가족 모임은 끝이 나고, 손주들은 서울 집으로 돌아갑니다.

며칠 후 손주들은 바지 주머니에 넣었던 병을 생각해 냅니다. 그리고 소꿉놀이를 한다며 진통제 병을 들고 놀이터로 나가 버립니다. 그리고 그날 저녁 소꿉놀이를 하던 손자 중 한 명이 갑작스러운 호흡곤란 증세를 보입니다.

마약성 진통제의 특성상 한 번 병원에서 처방하게 되면 더 이상 관리가 힘듭니다. 즉, 절대 진통제에 손을 대면 안 되는 어린아이들이 생각 없이 진통제 곁에서 생활할 수 있다는 것입니다.

특히 『약사공론』 2019년도 뉴스 기사에 의하면 "식약처는 국민신문고를 통해 접수된 질의에 대해 '마약류 관리에 관한 법률'에서는 의사의 처방전에 따라 환자에게 적법하게 조제·판매된 마약류의 관리(반납 포함) 의무에 관해 따로 명시하고 있지 않다고 설명했다."라고 합니다.

즉, 마약류가 서랍에 있든 비타민 영양제 옆에 있든 '우유 주사'가 냉장고 우유 옆에 있든 정확한 관리 체계가 없다는 것입니다.

관리가 소홀한 진통제는 쉽게 사고, 또는 오남용으로

이어질 수 있습니다. 아이가 실수로 마약류를 복용하는 것이 아니라면, 집에 있는 또 다른 사람이 호기심 등으로 진통제를 사용해 오남용할 수 있다는 것입니다.

이런 상황은 마약성 진통제를 복용하던 환자가 사망했을 때도 반복됩니다. 특히 사망 시에는 많은 양의 잔여 약물이 남아 있을 가능성이 있으며, 오남용에 대한 위험도 그만큼 높다는 의미입니다. 사망 시에도 일반 관리와 동일하게, 『약사공론』 기사에 따르면 식약처 관계자는 16일 "현재 마약법이나 약사법에서 개인이 사용하다 남은 마약류 의약품을 반납하도록 하는 규정은 없다."고 했습니다.

▌안전한 마약류 보관

가족의 안전과 건강을 지키려면 집안에 마약의 존재 여부, 또는 수량을 확인하는 것이 중요합니다. 혹시 같이 사는 사람이나 자주 방문하는 사람들 중 마약성 진통제를 처방받았거나, 만성 통증이나 수술 등의 이유로 마약성 진통제를 지니고 있을 수 있는 사람들이 있는지 고민해 보아야 합니다.

혹시 그런 사람들이 있다면 집 안에 마약성 진통제를 두고 간 적 있는지 물어본 후, 진통제가 있다면 안전한 장소로 옮기는 것이 좋습니다.

이런 안전한 장소는 어디가 좋을까요?

물론 약마다 온도, 습도 등 보관 방법이 있기에 그것을 먼저 따라야 하지만, 놀랍게도 많은 사람이 비타민, 다른 일반 약 등 사이에 함께 보관하곤 합니다.

하지만 이렇게 일반 약들과 함께 보관하는 행위는 매우 위험합니다. 다른 가족 구성원이 다른 약을 찾으러 와 실수로 마약성 진통제를 사용할 위험이 있기 때문입니다.

또 다른 흔한 장소는 책상 밑 서랍장 안입니다. 책상 밑 서랍장 안은 다른 약물과 격리되어 일반 약과 헷갈릴 위험은 적지만, 가정 내 아동 등이 쉽게 열어 실수로 복용하거나, 잃어버릴 수 있어 굉장히 위험합니다.

가장 바람직한 방법은 아이들이 쉽게 열지 못하는 높

은 수납장에 넣어 두는 것입니다. 안전하게 수납장 안전용 상자에 마약성 약물을 넣어 두고, 다른 이가 모르고 복용하지 않도록 큰 글자로 '위험, 마약성 진통제'라고 쓰는 것이 좋습니다.

의료용 마약류를 취급하는 병원은 안전한 금고에 약품들을 보관한다.

▌ 안전한 마약류 처분

마약류는 처분 시 유의해야 할 사항들이 있습니다. 특히 마약성 진통제는 강한 독성을 띠고 있습니다. 이것은 무분별하게 폐기된다면 큰 환경적 피해가 일어날 수 있다는 뜻입니다. 특히 하천 등에 많은 양의 진통제가 처분된다면 식수 오염, 동식물 피해 등 여러 문제가 일어날 수 있습니다.

즉, 마약류는 안전하고 공식적인 방법으로 처분하는 것이 매우 중요합니다.

마약성 진통제는 보건소, 약국, 의료기관 내 외래 약국에 전달하여 폐기 신청을 해야 합니다. 타인에게 전달, 판매, 또는 기부를 하는 행위는 위법일 수 있기에 잔여 마약류는 해당 기관들에 전달하여야 합니다.

#7 마약류가 우리에게 미치는 영향

▌마약류가 신체 건강에 미치는 영향

　동서대학교 장진경 강사의 '알콜 및 약물중독 치료' 자료에 의거하면 마약류가 건강에 미치는 영향은 '의학적 합병증', 그리고 '정신과적 합병증'으로 나눌 수 있습니다.

　의학적 합병증에서는 면역기능 저하, 그리고 약물 투여 행위로 인한 합병증이 있습니다.

　장진경 강사는 약물 투약 시 "인체에서는 평소의 신경전도 물질 수급 조절 능력에 장애가 생기게 된다. 이러한 장애는 외부의 세균 및 여러 병원균과 싸우는 면역기능에 장애를 초래하며, 이로 인해 사소한 염증이 크게 번지기도 하며 회복이 늦어지기도 한다."고 전합니다.

또한 장진경 강사는 "호흡기를 통해 약물을 투여하는 것은 만성 호흡기 질환, 폐 질환 등 병을 유발하며, 여러 마약 중독자들 사이에서 주사기를 공유하는 행위는 전염성 질환(간염 등)이 쉽게 퍼진다."고 합니다. 그리고 특히 불법적인 방법으로 약물을 주사하는 행위기에 위생 수준이 매우 낮으며, 피부염, 심장내막염, 혈전증 등이 유발될 수 있다고 말합니다.

▌마약류가 정신 건강에 미치는 영향

장진경 강사의 자료에 의하면 마약류 사용은 크게 세 가지의 정신적 합병증으로 이어질 수 있다고 합니다.

첫 번째는 마약류로 인한 우울증입니다.

마약류를 지속적으로 사용하게 되면 뇌가 '기분을 조절해 주는 신경전도 물질의 조절 기능에 이상이 생겨 만성적 결핍 상태'로 빠지게 됩니다. 즉, 기본적인 수준의 행복감과 동기부여를 받지 못해 우울해진다는 것입니다.
이런 우울증은 결국 자살 시도로 이어질 수 있습니다.

또한 마약류는 불안, 발작, 공황 발작으로 이어질 수
있습니다. 이런 상황은 일상생활의 모든 부분이 불안을
유발하게 하며, 평상시에 언제 발작이 찾아올지 몰라 그로 인한 불안감도 함께 겪습니다.

장진경 강사에 따르면 이런 발작을 경험하는 중독환자들은 "심장이 멎거나 호흡이 정지될 것 같은 불안감을 느끼고 정상적인 일상생활을 할 수 없게 된다."고 합니다.

마약류는 고유한 정신적 변화와 악영향을 끼칩니다. 각각의 약물마다 극심한 피해망상, 환각, 그리고 폭력성 등 여러 문제가 발생할 수 있습니다.

▌마약류가 가족에 미치는 영향

American Addiction Centers의 자료에 따르면 약물 중독은 가정에 크게 네 가지 방법(감정적, 정신적, 경제적, 그리고 사회적)으로 큰 악영향을 미칩니다.

㉠ 감정적인 무게

마약은 직접적으로 사용자의 뇌의 구조를 변형시켜 감정적 영향을 미칠 수 있지민, 간접직으로 중독자의 가족까지도 큰 악영향을 미칩니다.

중독자의 가족은 자신이 중독의 원인이었다는, 또한 중독을 막을 수 있었지만 막지 못했다는 죄책감에 시달리고, 자책하게 합니다. 또한 중독을 막으려고 시도하거나 약물중독 치료를 받게 하려 노력하지만 실패했을 시에는 큰 좌절감과 무기력함을 느낍니다.

이런 감정들은 가족 구성원들의 자신감과 자존감을 낮출 수 있습니다. 특히 자녀가 마약중독에 시달리는 부모라면 이런 문제는 더 심각해집니다. 부모로서 자녀를 보호해야 했다는 책임감으로 인해 부모들은 자신이 실패하였다는 생각에 고통스러워합니다.

ⓛ 가족 간 믿음과 사회적 관계

또 다른 문제는 마약에 중독된 가족 구성원과의 직접적인 사회적 관계입니다.

마약중독을 끊을 수 있도록 도와주는 과정은 대개 언쟁과 마찰이 있습니다. 예를 들자면 지속적으로 마약을 사용하며 의존성을 보이지만, 중독 치료를 거부하는 남편을 치료받게 하는 과정은 가족 모두에게 큰 상처를 남길 수 있습니다.

또한 마약 사용자들은 가족에게 마약 복용 사실을 숨기곤 합니다. 나중에 마약 사용 사실을 들킬 시 이 사실은 가족 구성원들에게 큰 충격으로 다가올 수 있습니다. 특히 지금까지 믿고 있었던 가족이 마약을 투여한 것을 안다면 신뢰가 깨질 수 있습니다.

ⓒ 가족의 사회적 고립

마약 사용은 가족 간 관계가 깨질 뿐만 아니라, 가족 전체의 사회적 고립으로 이어지기도 합니다.

특히 마약 사용에 대한 스티그마가 높은 한국과 같은 사회에선 가족의 마약 사용은 큰 수치심, 죄책감, 그리고 창피함으로 가족에게 다가올 수 있습니다.

'범죄자의 가족'이라는 인식으로 인해 자녀, 부모, 배우자 등은 타인과의 만남을 꺼릴 수 있습니다.

이런 가족의 사회적 고립은 친구뿐만 아니라 먼 친척들로부터 가족을 고립시킬 수 있습니다.

고립이 일어나지 않더라도 가족 구성원은 죄의식으로 인해 더 조심스럽거나 소극적으로 행동하기 시작할 수 있습니다. 이런 상황은 특히 직장과 학교에서 보일 수 있습니다.

Eleanor Rigby의 동상에 외로움과 고독에 대한 마스크가 씌워져 있다.

("cross-stitched mask on Eleanor Rigby statue: provoking people to think about community, loneliness and society" by craftivist collective is licensed under CC BY 2.0.)

ⓔ **금전적인 부담**

마약중독은 모든 중독의 특성과 같이 금전적인 부담을 초래합니다.

처음엔 적은 돈으로 소량의 마약을 구매해 사용 해 보았다면, 중독 수준이 심화되면서 더 많은 양의 약물이 필요해지게 됩니다.

끊임없는 불법 마약 거래는 금전적 부담을 가중시키지만, 중독으로 인해 멈추지 못하게 됩니다.

중독은 마약에 대한 욕구가 부모로서의 책임 등을 억누르며, 이성적인 판단을 하지 못하게 합니다. 이로 인해 자녀의 학자금, 비상금, 또는 다른 모아둔 자산을 털어 마약 구매에 사용하는 상황이 발생하게 됩니다.

ㅁ 자녀에 대한 악영향

마약에 중독된 부모는 자녀를 키우지 못합니다.

환각 증세와 금단 현상에 시달리며 약물에 대한 욕구를 이기지 못해, 부모로서의 정상적인 활동(예: 운전)과 그런 활동을 위한 충분한 수면을 갖는 것을 힘들어하기 때문이죠. 이렇게 부모가 마약으로 인해 역할을 못 하게 되면, 아이들이 자기 자신의 부모가 되어야 합니다.

이런 아이들은 동생을 혼자 돌보거나, 식사를 혼자 해결하는 등 같은 나이대 아동이 책임지지 않는 일들을 해야 합니다. 특히 마약을 사용하는 부모가 아이에게 감정적으로 의지를 하는 상황은 더욱더 아이에게 악영향을 미칩니다. 이런 상황에 있는 아이들은 정상적인 성장을 위해 필요한 여유와 안정감이 없습니다.

현재로서 대한민국의 마약중독 현황은 주로 자녀가 없는 20~30대의 문제로 알려져 있습니다.

하지만 미국과 같이 마약중독이 더 심한 나라의 경우에는 부모가 마약에 중독되는 상황이 매우 흔하게 발생하고 있습니다.

미국 'SAMHSA(물질남용 및 정신보건 서비스국)'에 의하면, 미국의 경우 부모 두 명이 있는 가정에 사는 17세 미만 아동 13.9%는 지난 1년간 부모 중 한 명의 알코올 및 약물중독을 경험하였습니다.

이와 같은 수치들은 대한민국이 이대로 마약 청정국의 타이틀을 잃게 된다면 발생할 사회적 문제를 보여 줍니다.

미국과 같이 마약이 우리 사회에 더 널리 퍼진다면 가까운 미래에 마약중독으로 혼자서 커야 하는 아동들의 수가 늘 것으로 보입니다.

#8 마약류가 한국 사회에 미치는 영향

   마약류는 개인, 그리고 가족 단위에 악영향을 미치지만, 이대로 마약이 널리 퍼진다면 대한민국 사회 전체의 발목을 잡는 심각한 사회 문제일 것으로 보입니다.

뉴욕 차이나타운 대형 버스 사고
(위 사진은 상표권 보호를 위해 수정되었습니다).

("Fung Wah Bus crash - Chinatown, NYC" by --Filippo-- is licensed under CC BY 2.0.)

미 법무부의 2006년도 자료에 의하면 마약중독자들은

정직원으로서 장기적인 출근이 불가능할 것이며, 출근한다고 해도 정신이 맑지 못하여 책임을 다하지 못한다고 합니다.

특히, 널리 퍼진 마약 사용은 작은 실수가 큰 사고로 이어질 수 있는 항공기 기장, 버스 운전기사 등 직종에서 안전사고 발생률을 크게 높일 것이라고 합니다.

수치적으로, 미국 마약 사용 여부 테스트 기관인 'Quest Diagnostics'에 의하면 직원 관련 사고와 연루된 직원의 5.7%는 마약을 사용하였다고 발표하였습니다.

▌ 경제적 부담

미 법무부에 따르면 메스암페타민(필로폰)은 마약 범죄가 국민의 혈세에 어떻게 부담이 되는지 가장 잘 보여준다고 합니다.

필로폰 생산지는 매우 유독해 안전을 위해 특수한 방

법으로 매우 세심하게 청소해야 합니다.

미국 마약단속국에 의하면 펜타닐 생산지 정화는 평균적으로 200만 원 이상의 비용이 발생한다고 하였습니다.

미국에서는 2004년 기준 1,800만 불, 즉 현재 환율 기준 약 250억을 펜타닐 생산지 정화를 위해 사용했습니다. 또한 메스암페타민 생산은 환경 오염뿐만 아니라 단속 경찰관 및 구조대의 건강에 해를 가합니다. 마약이 퍼진다면 결국 의료 비용, 환경 정화 비용, 그리고 생산지 청소 비용으로 세금 부담이 가중됩니다.

마약으로 병든 사회는 높은 사회복지 비용이 발생합니다. 마약사범들은 오랫동안 마약중독 치료가 필요해, 마약 중독자들의 수가 많을 시 막대한 사회복지 비용이 발생합니다. 또한 마약중독자들은 자녀들을 보호할 능력이 없어, 마약이 퍼졌을 시 많은 수의 아동을 복지기관에서 보호해야 합니다.

범죄

마약으로 인해 이성적인 판단 능력이 떨어지고 피해망상, 환각 등 정신상태가 불안정한 사람들이 늘어나면 결국에는 범죄율도 늘 수밖에 없습니다.

한국의 음주 문화의 큰 단점은 늦은 밤 폭행 사건 등 범죄로 이어진다는 것입니다. 하지만 알코올에 취한 사람들의 비이성적 행동보다 더욱더 위험한 것은 마약에 취한 사람의 비이성적 행동입니다.

음주보다 더한 정신적 해악을 끼치는 마약류는 가정폭력, 묻지마 폭행, 성폭행, 살인 등 여러 강력범죄의 요인이 됩니다.

수치적으로 보았을 때도 마약류 및 알코올 오남용과 범죄율의 연관성은 매우 뚜렷합니다.

미 법무부에서 발표한 1991년도 미국 데이터에 의하면, 알코올과 마약을 한 번도 하지 않은 18세부터 49세 사이 일반인이 강력범죄를 저지를 확률은 2.7%입니다.

하지만 술, 대마초, 그리고 코카인을 사용한다면 그 수
치는 26.1%까지 거의 10배 높아집니다.

▌치안 비용

  범죄가 는다는 것 자체가 마약이 퍼지면 위험한 이유
이지만, 경제적 악영향과 관련된 이유도 큽니다.

  마약과 연관된 범죄가 늘면 경찰력 강화 및 치안 유지
에 필요한 비용이 기하급수적으로 늘 것입니다. 또한 범
죄율이 높아지면 한국의 '안전한 나라'라는 국제적 이미
지도 타격을 입을 가능성이 높습니다.

  높은 치안 수준은 한국의 관광객 유치에 많은 도움을
주었지만, 마약 관련 강력범죄 등이 일어나기 시작한다
면 관광객들의 수는 불안감으로 인한 감소가 예측됩니
다.

▎ 경제적 생산성

가장 큰 경제적 비용은 '생산성의 손실'이라고 할 수 있습니다.

대한민국 국민의 일부분이 심한 마약중독에 시달린다면, 그 인구는 경제적 생산이 불가능하거나 거의 어려울 것입니다. 즉, 복지가 필요하지만 생산하지 못하는 인구가 늘어난다고 예측됩니다.

생산성의 문제는 생산 여부에 이어 생산의 질에도 있습니다. 마약 사용자가 많은 사회는 인구의 높은 비율이 금단 현상, 부작용 등으로 업무에 비효율적이거나 건강이 좋지 못해 병원에 입원해 있는 날이 많을 수 있습니다. 즉, 기업의 입장에서는 총인건비가 높아진다는 것입니다.

단순히 말하였을 때, 많은 수의 대한민국 국민들이 약물에 취해 일은커녕 자신의 몸을 가누지 못하게 되면 한국 경제는 큰 타격을 입을 것이라는 전망입니다.

▍마약중독 증세

미 테네시주 주 정부에 의하면 마약중독 및 오남용의 증세는 여러 가지입니다.

가장 흔한 증세는 책임감, 조심성 등의 변화입니다. 학업에 열중했던 학생이 갑자기 숙제조차도 하지 않는다든가, 아니면 열심히 출근하던 직원이 업무에 소홀해지거나 아예 출근을 하지 않는다면 마약으로 인해 행동 패턴이 완전히 바뀌었음을 의심해 볼 수 있습니다.

또한, 마약으로 인해 뇌 구조가 바뀌어 조심성이 떨어진다면 갑자기 위험한 방식으로 난폭운전을 하는 등 위험을 인지하지 못하는 행동을 보일 수 있습니다.

마약이 신체에 끼치는 악영향은 외적 변화로도 확인할 수 있습니다.

눈이 심하게 충혈되거나 눈동자가 원래보다 더 작아지는 현상도 마약의 영향일 수 있습니다. 또한, 식사 및 수면 패턴이 갑자기 바뀌는 것, 그리고 입냄새 등 체취가 바뀌는 현상도 마약 오남용의 영향일 수 있습니다. 마지막으로 물건을 집거나 걷기 힘들어하는 등 신체의 조정 능력이 떨어지는 것도 약물 부작용일 수 있습니다.

사회적인 관점으로 보았을 때, 갑자기 친한 친구 및 지인들이 바뀌거나 취미나 동선이 변하는 것도 마약 구매 및 오남용과 연관되어 있을 수 있습니다.

마약 오남용은 사용자의 정신에도 큰 영향을 미칠 수 있습니다. 이유 없이 성격이나 태도가 변화하는 것, 쉽게 짜증을 내거나 화를 내는 것, 이 세상에 있지 않은 듯 자주 멍해지는 것, 그리고 원인 없이 불안하거나 두려워하는 것 등 설명할 수 없는 정신적 변화는 마약으로 유발된 변화일 가능성이 있습니다.

> ## 자신 또는 가족 중 한 명이
> ## 마약에 중독되면 어떻게 하나요?

자신이 마약 중독자라면, 답은 매우 간단합니다.

믿을 수 있는 타인에게 상황을 설명해 도움을 받는 것입니다.

어떻게 시작할지 모르겠고, 두렵다면 '중독관리통합지원센터'로 전화를 해 보는 것이 좋습니다. 전국 50개소를 운영하는 중독관리통합지원센터는 중독자를 '상담, 치료, 재활, 사회 복귀를 지원하는 기관(출처: 보건복지부 국립정신건강센터)'입니다.

자신이 거주하고 있는 지역의 중독관리통합지원센터 연락처는 보건복지콜센터(129), 그리고 정신건강상담전화(1577-0199)에서 확인이 가능합니다.

가족이 마약에 중독되었거나 중독 증세를 보인다면, 식약처 24시 마약류 상담센터(1899-0893)에 전화를 하고 상담을 받는 것이 좋습니다.

2024년 새롭게 운영을 시작한 이 센터는 익명으로 마약류 중독 예방, 재활 등 마약중독과 관련된 상담 서비스를 제공하고 있으며, 필요 시 재활 센터로 연계까지 도와줍니다.

▎ 우리가 할 수 있는 것?

당장 자신이나 지인이 마약중독의 위험에 놓여 있지 않다고 해도, 마약 오남용 사고를 막기 위해 당신도 할 수 있는 것이 많습니다.

첫 번째로 이전에 등장한 잔여 마약의 위험을 줄이기 위해, 잔여 마약성 진통제를 모아 보건소나 약국에 공식적으로 폐기 처분을 요청하는 것입니다.

또한, 부모라면 '가정 내 밥상머리 교육'도 미래에 호기심이나 친구의 권유로 자녀가 마약에 손을 대는 것을 막을 수 있습니다.

마약의 위험, 그리고 실수로 복용 시 대응 방법 등을 어릴 때부터 아이들에게 가르쳐 주는 것이 중요합니다.

특히 마약을 사용했더라도 부모에게 그 사실을 솔직히 이야기해도 된다는 믿음을 가르쳐 주는 것만으로도 미래에 마약으로 인한 오남용 사고를 막을 수 있습니다.

두 번째로 마약 과다복용에 대한 간단한 응급처치 등

을 알고 있는 것도 매우 중요합니다.

날록손은 펜타닐, 헤로인, 모르핀, 옥시코돈 등 아편계 약물을 과다 투약하면 일어날 수 있는 호흡곤란 등에 대한 '해독제'라고 볼 수 있는 길항제로, 코에 뿌리는 형태 등 다양합니다.

미 FDA 승인을 받은 날록손 사용법을 익히고, 하나쯤 차량이나 가방에 지니고 다니면 갑자기 맞닥뜨릴 응급 상황에 대처할 수 있습니다. 특히 유학생 자녀를 둔 부모라면 날록손 사용법을 가르치고 항상 지니고 있게 하는 것이 바람직합니다.

날록손 트레이닝

저희는 구청보건소에서 실시하는 응급처치 교육을 4시간에 걸쳐서 받은 적이 있습니다.

4분의 기적 심폐소생술(CPR)과 자동심장충격기 사용법, 하임리히법, 화상처치법 등 우리 주변에서 일어날 수 있는 응급상황에서 당황하지 않고 4분의 기적으로 사람의 생명을 살릴 수 있는 방법을 배웠습니다.

이제 심폐소생술 등의 응급처치 교육은 우리는 학교에서 또는 저처럼 지역 보건소에서, 심지어 온라인으로도 교육을 받을 수 있게 되었습니다.

이런 지속적인 교육과 관심으로 우리는 길에서 갑자기 쓰러지는 사람을 살리거나, 청소년들이 기적을 만드는 일들을 뉴스에서 심심치 않게 보게 됩니다.

저희는 이제 한국에서도 현재 미국에서 실시하고 있는 '날록손 트레이닝'을 응급처치 교육에 포함시켜야 한다고 주장합니다.

보신 바와 같이 마약의 중독은 우리 삶 깊숙이 빠르게 침투하고 있고, 우리는 아직 아무런 대비책을 배우지 못하였습니다.

단지, 중독되지 않도록 예방하는 방법만 이제 겨우 배우기 시작했을 뿐이지요.

마약이 어떤 것인지 정확히 알아야 하는 것만큼 잠재적으로 마약중독에서 생명을 구할 수 있는 방법을 이해하고, 해독 약물에 대한 지식 또한 갖추는 것이 중요합니다.

만약 우리의 가족이, 또는 친구가 펜타닐을 포함한 과도한 양의 오피오이드를 과다 복용했다고 의심이 되는 경우, 우리는 신속하고 효과적으로 응급처치를 할 수 있어야 합니다.

학교에서나 지역 자치 단체에서 실시하고 있는 응급처치 교육 프로그램에 날록손 트레이닝을 포함시킨다면 앞으로 있을지 모르는 펜타닐 중독에 의한 가까운 이의 생명을 살릴 수 있습니다.

현재 미국 곳곳에는 펜타닐 해독제 자판기가 설치되고 있습니다.

특히 펜타닐 위험지역에 우선적으로 설치되는 중입니다.

내 주변의 사람이 갑자기 쓰러집니다

1 안전확보

현장이 안전한지, 여러분의 안전이 확보되는 곳인지 먼저 확인합니다.

자동차가 지나가는 길은 아닌지, 주변에 오염된 주삿바

늘이나 약물 관련 도구가 있는지, 위험한 물건이나 상황인지 먼저 확인합니다.

❷ 119 신고

화자를 발견 즉시 119에 신고합니다.

내가 신고할 수 있는 상황이 아니라면 주변에 있는 사람들에게 특정하여 큰소리로 도움을 요청합니다. ("거기 파란 옷을 입고 계신 남성분! 빨리 119에 신고해 주세요!")

119에 전화로 연결이 되었다면 환자의 호흡 상태, 신체 반응 등의 상태를 정확하고 세부적으로 제공합니다. 객관적으로 제공하며 추측하거나 예상하여 설명하지 않습니다.

주변에 약물이나 주삿바늘이 있다면 이 역시 설명하고 반드시 손 대기 전에 장갑을 끼거나 보호 안경을 씁니다.

절대로 노출된 피부로 만지거나 접촉하지 않습니다.

❸ 환자의 상태 확인

• 호흡을 하고 있나요?

- 두꺼운 옷을 젖히고 배 높이를 확인했을 때 호흡이 느려지거나 얕아지고 있나요?

- 어깨를 세게 여러 번 두드리고 이름을 부르면 대답하거나 반응하나요?

- 환자의 입술 색과 얼굴색, 피부색이 창백한가요?

- 구토하였나요?

- 주변에 주삿바늘 또는 약병이 있나요?

- 코나 입에서 소리가 난다고 호흡을 하고 있는건 아니에요. 어떤 소리가 나나요?

4 반응이 없다면

- 환자의 어깨를 더 강하게 치거나 큰 소리로 불러서 깨우도록 노력합니다.

- 팔 안쪽을 꼬집어서 자극해 봅니다.

- 강한 자극에도 반응하지 않는다면 이것은 응급상황입니다.

5 Narcan(Naloxone) 투여

나르칸은 비강 스프레이 또는 주사제로 제공됩니다.

많은 국가에서 나르칸은 처방전 없이 약국에서 구입할 수 있지만, 지역에 따라 전문 의료진에게만 제공되기도 합니다.

나르칸 키트에는 설명서가 제공됩니다.

당황하지 말고 설명서를 따릅니다.

1. 환자를 등을 바닥에 대고 눕힙니다.

2. 환자의 머리를 약간 젖힙니다.

3. 장치의 끝부분을 환자의 한쪽 콧구멍에 삽입하여 잘 밀봉되도록 합니다.

4. 플런저를 눌러 용량을 방출합니다. 포장 설명서에 표시된 전체 용량을 투여합니다.

5. 필요한 경우 두 번째 콧구멍에도 이 절차를 반복합니다.

비강 스프레이 버전의 경우, 노즐을 한쪽 콧구멍에 삽입하고 단단히 눌러 약물을 방출하는 것으로서 나르칸을 투여합니다.

근육주사 버전의 경우 키트에 제공된 설명서에 따라 나르칸을 투여하는데, 허벅지, 엉덩이, 어깨 등의 큰 근육에 주사하는 것이 좋습니다.

날록손은 오피오이드가 관련된 경우만 효과가 있다는 것을 알고 있어야 합니다.

6 CPR 실시

날록손 투여 후 만약 환자가 반응이 없고 호흡이 없다면 CPR을 실시합니다.

분당 100~120회의 속도로 5cm 이상 내려가도록 흉부를 압박합니다.

3~5분 동안의 CPR 실시에도 환자에게 변화가 없다면, 가능하다면 다시 날록손을 투여하고, CPR을 다시 반복합니다.

만약 쓰러진 환자가 오피오이드 중독 환자가 아니라고 해도 날록손을 투여했을 때 환자에게 해를 끼치지 않습니다.

환자가 자가 호흡이 가능해지거나 구조대원이 와서 환자가 안전하게 인계될 때까지 계속 처치합니다.

만약 환자의 호흡이 돌아왔다면 의식을 확인하고 안정적인 자세로 눕혀 놓습니다.

계속 환자의 상태를 모니터링하고 구조대원이 도착했을 때 정확하게 모든 상황을 전달합니다.

날록손은 투약 즉시 효력이 발생하고 일반적으로 30~90분 동안 지속됩니다.

우리는 적시에 조치를 취하면 오피오이드 과다복용으로 인한 호흡 곤란 상황에서 소중한 생명을 구할 수 있습니다.

우리가 CPR 교육과 함께 날록손 트레이닝을 받아 둔다면, 당황스럽고 두려운 상황에서도 우리가 속한 지역과 가족과 친구들의 생명을 살릴 수 있게 됩니다.

이에 응급 의료 처치 교육을 실시할 때 날록손 교육도 추가될 수 있도록 해야 합니다.

앞으로 우리 사회에서 날록손 트레이닝은 아주 중요한 역할을 할 것입니다.

마지막으로 대한민국을 마약의 위험으로부터 지키고 싶다면 기업에 마약의 오남용을 막을 수 있도록 관련 청원을 할 수 있습니다.

우리나라 기업에 대한 청원 사이트인 '위캔두 (We-CanDo.com)'와 같은 청원 플랫폼에서 교육을 위한 날록손 스프레이를 학교에 지원하는 등의 방법으로 우리나라 기업들에 마약 퇴치에 힘을 보태 달라고 청원하고, 그 청원에 동참하는 것만으로도 마약이 우리 사회에 퍼지는 것을 막고, 발생할 수 있는 피해를 막는 첫걸음이 될 수 있습니다.

▌ 건강한 방법으로 정신 건강 유지하기

이 책의 마지막 부분에서는 마약을 사용하지 않고도 높은 행복감을 느끼고 정신 건강을 유지할 수 있는 방법을 알아볼까 합니다.

첫 번째는 운동입니다.

가벼운 운동도 좋습니다.

하버드대학교 'T.H. Chan School of Public Health(출처: 하버드 보건대학원)'에서 진행한 연구에 따르면, 하루 15분 정도 뛰거나 1시간 걷는 것은 우울증 위협을 26% 감소시켰습니다.

또한 운동은 몸에서 엔도르핀 분출을 유도해 스트레스를 줄이며 정신적으로 '건강하다'는 기분을 느끼게 합니다. 그리고 집중력, 동기부여, 사고력, 기억력, 그리고 공부 체력 등 학업 및 업무에도 운동은 매우 긍정적인 효과를 보여 줍니다.

두 번째는 명상입니다.

명상은 정신을 차분하게 하며, 극심한 불안감을 효과적으로 잠재울 수 있습니다.

마약에 의존할 필요 없이 정신을 맑게 해 주는 강력한 방법입니다.

1,300명의 성인을 대상으로 한 분석에 따르면 명상은 불안증세를 완화하는데, 특히 불안감이 극심한 사람들에게 효과가 가장 좋다는 결과를 보였습니다.

 또 다른 연구에 의하면 8주간의 명상은 일상 속 불안
감을 줄였으며, 자존감의 하락과 스트레스에 대응하는
능력을 상승시켰습니다.

 명상을 하려면 인터넷에서 명상 영상을 찾아보거나,
명상 앱을 다운로드 받아 진행자를 따라 명상하는 것이
가장 접근하기 쉽습니다.

일상에서 추천하는 중독 증상 치유의 시작

– 일광욕

– 독서

– 운동 추천: 주짓수 (다른 잡생각 없이 스파링에 집중). 환영

하는 분위기라서 사회적 불안감도 낮춰줌.

– 외출하기(사람들이 많은 곳 가기): 불안 요인이 그렇게 큰

문제가 아니라는 것을 체감하게 해 줌.

– 나의 목표 생각하기: 긍정적인 태도로 희망적인 마음

가짐을 갖기.

마지막으로는 차가운 물로 짧은 시간 동안 '냉수마찰'
을 시도해 보는 것도 효과적일 수 있습니다.

물론 심장 질환 등 냉수마찰이 위험할 수 있는 사람들
은 삼가는 것이 좋고, 모두 의사의 조언을 따라 냉수마
찰을 해야 합니다.

UCLA 대학교 자료에 따르면 냉수마찰은 면역력 증진

뿐만 아니라, 우울감과 불안감을 감소시키며 혈액순환을 높여 전체적인 건강에 이점이 있다고 합니다. 특히 여러 달 동안 매일 차가운 물로 샤워를 한 실험 참여자들은 우울감이 감소했다고 전했습니다.

마약 판매, 투약은 특수범죄 징역형

마약범죄는 사회악입니다

지난 어느 해보다 2023년은 마약 보도가 대한민국의 뉴스를 뒤덮었습니다.

그동안 마약 청정국으로 불리던 대한민국이 청소년 마약 범죄, 마약류 온라인 불법 거래, 청소년들의 우상인 연예인 마약사범 증가 등 작년 한 해 한국에서 검거된 마약사범이 2만 명에 달할 정도로(출처: 세계일보) 대한민국은 마약 범죄가 증가하였습니다.

일상 속에 깊숙이 침투하고 있는 마약류의 중독은 우리가 마약 오남용에 대한 지식이나 중독되었을 때의 매뉴얼, 재활이나 응급처치법을 교육받거나 정보를 알게 되는 속도보다 훨씬 빠른 속도로 우리 생활 전반에 침투하기 시작했음을 수치상으로도 알 수 있습니다.

'마약범죄특별수사본부'에 따르면 작년 1~10월 마약사범 단속 인원은 2만 2,393명으로 전년 동기 대비 47%(1만 5,182명) 증가하였습니다(출처: 주간기쁜소식).
여기서 주목할 점은 10대에서 20대의 청소년 마약사범의 증가세가 폭증하고 있다는 두려운 사실입니다.
우리나라 청소년 마약사범은 7,754명으로 1년 사이 53.8%나 증가했습니다(출처: 조선비즈).

마약 청정국으로 자부했던 우리 대한민국은 이제 그 위상을 잃어버릴 위기에 처했습니다. 아니, 우리는 신흥 마약국으로 부상할 만큼 마약 문제가 심각한 상황입니다.

지금부터라도 우리는 마약 문제에 관심을 기울이고 우리 사회를 안전하게 지키는 일을 시작해야 합니다. 이것은 우리 청소년들을 보호하고 우리 대한민국의 미래를 지키기 위함입니다.

우리 대한민국 국민이 불법 마약에 쉽게 노출되지 않도록 마약 단속을 강화하고, 이것이 무엇인지 정확하게 인지할 수 있는 교육을 청소년기부터 할 수 있도록 예방 교육에 힘써야 하며, 중독되었을 경우 치료와 재활이 동반되어 재범을 막아야 합니다.

마약중독은 단기간에 재활이 어려운 만큼 그 과정을 잘 이해하고 도움을 줄 수 있는 우리 사회의 인식 변화도 필요합니다.

무잇보다도 예방 교육이 가장 중요합니다.

현재 초, 중, 고등학생 대상 의약품 오남용 교육이 실시되고는 있으나, 학교 밖 청소년이 상담을 받거나 도움을 받을 수 있는 채널은 부족한 상황입니다.

모든 청소년이 언제든지 미리 마약 오남용의 폐해를 알 수 있는 교육 자료가 아직 우리나라는 많지 않습니다.

이런 교육 자료로 학교 안팎의 청소년들에게 예방 차원의 교육이 되거나, 마약에 노출되었다고 하더라도 막연한 두려움보다는 당장 도움이 되는 매뉴얼이 되기를 바랍니다.

앞으로는 유치원에서부터 성인까지 마약에 대한 체계적인 교육을 쉽게 받을 수 있고, 이 책과 같은 교육 자료를 손쉽게 접할 수 있다면 다시 '마약 청정국 대한민국'이라는 자랑스러운 이름을 되찾을 수 있을 거라 기대합니다.

아직 늦지 않았습니다.
우린 할 수 있습니다.
"WE CAN DO!!"

마약류 신고 전화

1. 검찰청 1301

2. 경찰청 112

3. 한국마약퇴치운동본부 1899-0893

무료 치료 병원

- 국립부곡병원 055-536-6440

- 시립은평병원 02-300-8114

- 중독재활센터 02-2679-0436

자료 출처 알림

- https://www.inquirer.com/philly/news/kensington-opioid-crisis-history-philly-heroin-20180123.html

---

- https://www.foxnews.com/us/crisis-kensington-children-regularly-step-over-bodies-get-school

---

- https://www.foxnews.com/us/crisis-kensington-chemical-warfare-philadelphia-drug-market-getting-worse-former-dealer-says

---

- https://kffhealthnews.org/news/article/xylazine-animal-tranquilizer-fentanyl-opioids-kensington-philadelphia-health-problems/

- https://www.nytimes.com/2018/10/10/magazine/kensington-heroin-opioid-philadelphia.html

---

- https://www.samhsa.gov/meth

- https://www.health.kr/Menu.PharmReview/_uploadfiles/%ED%94%84%EB%A1%9C%ED%8F%AC%ED%8F%B4.pdf

---

- https://www.drugs.com/sfx/propofol-side-effects.html
- https://www.health.kr/Menu.PharmReview/_uploadfiles/%EC%A1%B8%ED%94%BC%EB%8E%80.pdf
- https://www.sisajournal.com/news/articleView.html?idxno=155657
- https://www.stcarollo.or.kr/0401/2439
- http://www.bosa.co.kr/news/articleView.html?idxno=2207307
- http://www.whosaeng.com/146880
- https://www.amc.seoul.kr/asan/healthinfo/druginfo/drugInfoDetail.do?odcd=STNOX10&searchKeyword=
- https://www.ktv.go.kr/content/view?content_id=685189&unit=266
- https://www.seoulpcc.or.kr/skill/bbs/cardNewsView.do?sn=312
- https://www.mfds.go.kr/brd/m_227/down.do?brd_id=data0018&seq=31102&data_tp=A&file_seq=1
- https://www.joongang.co.kr/article/25153078#home
- https://www.chosun.com/national/national_general/2023/10/06/RLCCR36KIVCG5JD5OA5TTOFVGY/

- https://www.medicalnewstoday.com/articles/309287

- https://www.11st.co.kr/products/5220804281

- https://americanaddictioncenters.org/meth-treatment/effects-on-the-brain-and-cns

- https://kidshealth.org/en/parents/drugs-meth.html

- http://www.health.kr/Menu.PharmReview/_uploadfiles/%ED%8E%9C%ED%83%80%EB%8B%90(fentanyl).pdf

- https://www.dea.gov/factsheets/fentanyl

- https://www.jayupress.com/news/articleView.html?idxno=16202

- https://www.kpanews.co.kr/article/show.asp?category=B&idx=206689

- http://kowon.dongseo.ac.kr/~knamij/19ssw.htm

- https://americanaddictioncenters.org/rehab-guide/guide-for-families-i

- https://www.samhsa.gov/data/sites/default/files/report_3223/ShortReport-3223.html

- https://bjs.ojp.gov/content/pub/pdf/DRRC.PDF

- https://www.tn.gov/behavioral-health/substance-abuse-services/treatment---recovery/treatment---recovery/prescription-for-success/warning-signs-of-drug-abuse.html

- https://www.nhis.or.kr/magazin/151/html/sub6.html

- https://www.korea.kr/news/policyNewsView.do?newsId=148924409&pWise=mSub&pWiseSub=C3#policyNews

- https://www.samhsa.gov/medications-substance-use-disorders/medications-counseling-related-conditions/naloxone

- https://www.helpguide.org/articles/healthy-living/the-mental-health-benefits-of-exercise.htm

- https://www.healthline.com/nutrition/12-benefits-of-meditation#2.-Controls-anxiety

- edX StanfordOnline CME.20657

- Prescription Drug Misuse and Addiction: Compassionate Care for a Complex Problem

- https://www.mfds.go.kr/brd/m_227/down.do?brd_id=data0018&seq=12073&data_tp=A&file_seq=1

- https://www.mentalhealth.go.kr/portal/health/fac/PotalHealthFacListTab1.do

- https://www.stmaryshealthcaresystem.org/brandjournalism/blogs/the-benefits-of-exercise-on-mental-health

- https://www.uclahealth.org/news/6-cold-shower-benefits-consider

- https://www.segye.com/newsView/20231206519227

- http://www.igoodnews.or.kr/news/articleView.html?idxno=14261

- https://biz.chosun.com/topics/law_firm/2023/12/06/Q5ODKNHGXBGJVMMUCPVP3C2NHA/

- https://pros-blog.padi.com/ko/how-to-treat-suspected-opiod-overdose-narcan/